武王

受天眷命　繼志荊人
邁迹悅那　偃武修文
惟賢是寶　法度彰明
建用皇極　愛叙彛倫

南宋·馬麟　《道统五祖像·周武王》

南宋·李唐 《采薇图》

《史记》里记载："义不食周粟，隐于首阳山，采薇而食之。"

南宋·李唐 《晋国公复国图》

清 · 袁江 《骊山避暑图》

清·袁耀 《阿房宫图》

明·刘俊 《汉殿论功图》

《史记》里记载："高祖还归，过沛，留。置酒沛宫，悉招故人之父老子弟纵酒，发沛中儿得百二十人，教之歌。"

陈舜臣 说史记

［日］陈舜臣 著
黄悦生 译

帝王业

与
百姓家

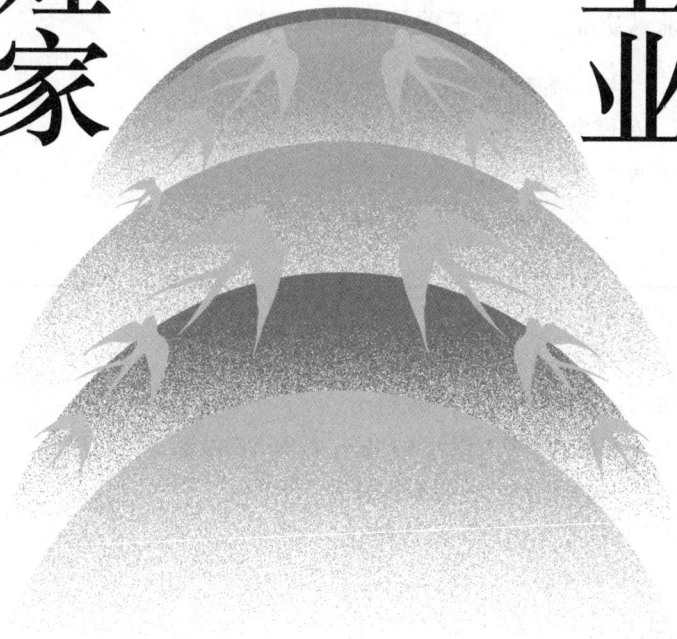

北京联合出版公司
Beijing United Publishing Co.,Ltd.

图书在版编目（ＣＩＰ）数据

　　陈舜臣说《史记》：帝王业与百姓家／（日）陈舜臣著；黄悦生译.
-- 北京 ： 北京联合出版公司，2017.7 （2023.7 重印）
　　ISBN 978-7-5596-0242-8

　　Ⅰ．①陈… Ⅱ．①陈… ②黄… Ⅲ．①中国历史－古代史－纪传体②
《史记》－研究 Ⅳ．① K204.2

　　中国版本图书馆 CIP 数据核字（2017）第 079503 号

　　著作权合同登记 图字：01-2017-0623 号

© 2008 by Chin Shunshin

简体中文翻译版权由创译通达（北京）咨询服务有限公司独家授权代理

陈舜臣说《史记》： 帝王业与百姓家

作　　者：［日］陈舜臣
译　　者：黄悦生
出品人：赵红仕
责任编辑：孙志文
封面设计：吴黛君

北京联合出版公司出版
（北京市西城区德外大街83号楼9层 100088）
北京新华先锋出版科技有限公司发行
大厂回族自治县德诚印务有限公司印刷　新华书店经销
字数120千字　620毫米×889毫米　1/16　13印张
2017年7月第1版　2023年7月第4次印刷
ISBN 978-7-5596-0242-8
定价：49.00元

对于很多在昭和时代（1926—1989 年）成长起来的日本人来说，陈舜臣和司马辽太郎是两位具有特殊意义的作家，"日本历史要看司马辽太郎，中国历史要看陈舜臣"俨然成了一种固定观念，可以说战后日本人的历史观是建立在这两位作家的作品之上的，巧合的是，两人既是同窗，亦是挚友。司马辽太郎钟情于解读日本战国时代（1467—1615 年）的乱世英雄，他笔下既有叱咤风云的织田信长、丰臣秀吉、德川家康等影响历史进程的大人物，也有名不见经传的盗贼。他擅长在描述风云人物的同时，表露出自己主观上对人物的解读和对历史的看法。"司马辽太郎"并不是他的本名，他因酷爱司马迁的《史记》而取此笔名，意为"远不及司马迁之太郎"。而公认的"以深厚的学识和透辟的历史观开拓了历史小说新境界"的华裔作家陈舜臣，也将通过细致的笔调，生动地解读《史记》，架起中日历史文化交流的桥梁。

陈舜臣原籍是台湾省台北市，但在日本神户出生，接受汉学教育，因此不可避免地生存在日本文化和中国传统文化的碰撞中。恰巧这段时期中日两国处于战争敌对状态，使得陈舜臣以一个特殊的身份处在"另类"的边缘境地。不过，即便常年对自身认同感到迷惘和困惑，由于受到印度诗人泰戈尔的影响，他还是考入了大阪外国语学校（今大阪大学外语学院）的印度语专业。

大学期间，陈舜臣接触到了柯南·道尔的福尔摩斯系列侦探小说，随后在了解了国人受歧视的现状之后，又开始阅读鲁迅和郁达夫的文学作品，就这样一步一步在学术中找到自我定位，并留校做西南亚洲语言研究所助手。但好景不长，战火最终还是蔓延到日本本土，国籍的转换让陈舜臣不得不暂时回到台湾，在台北初级中学担任英语老师。三年后，他又重新回到神户，并跟随父亲从事贸易工作。

经商之余，陈舜臣读了野村胡堂的作品《钱形平次捕物控》，便萌生了写推理小说的想法，曾以"陈左其"为笔名参与文学界新人奖的征稿，投稿小说《在风之中》最终进入候补阶段，也正因此坚定了继续写作的信心。他于1961年写下长篇推理小说《花叶死亡之日》，获得第七届江户川乱步奖，从此正式出道，开启了创作之路。接着，他陆续发表了《三色之家》《弓之屋》《愤怒的菩萨》《分裂者》《托月之海》等推理作品。从这些早期作品中，我们可以窥见陈舜臣卓越的推理能力以及对人性的洞察。

1967年，陈舜臣的第一部以中国近代史为题材的长篇小说《鸦片战争》问世，从此，他的文学创作逐渐转向历史小说。虽然日本很早就有中国历史小说，但大部分都只是以中国历史为素材，内容上更多的是描述日本文化和思想，而陈舜臣的历史小说并非如此。他态度严谨，抱有强烈的中国意识，亲自走访史迹，搜集资料，从不假手于人，没有先入为主的主观性，也没有随波逐流、人云亦云的弊病，出版了《曹操》《三国史秘本》《太平天国兴亡录》等作品，并在日本长销不衰。

诚如日本早稻田大学教授稻畑耕一郎曾说："没有任何作家像陈舜臣那样，用在不同文化、不同民族夹缝中生存的刻骨铭心的生活体验去深入思考未来。他这样做的出发点自然是研究不同文化、不同民族之间的差异并从事创作活动。"陈舜臣的创作依附的是自己对国家和民族历史深刻的认识，从而进一步探索和深化中日两国的文化根源和底蕴。

除了历史小说，陈舜臣在中国史方面也有不少作品，最为中国读者熟知的当属《中国的历史》和《小说十八史略》。前者为通史，讲述了中国自上古至近代的历史进程，后者则是以《十八史略》为蓝本的读史作品。

本书是一部读史的小书。作者以《史记》记载的史实为基础，以历史进程中的重大事件或关键人物为中心展开叙述。在细节上，例如人物的心理活动、对话、环境描写等，陈舜臣进行了适当的补充，使情节更加完善和细致。同时，他在叙述中融入了自己的个人观点、正史记载、客观现实和考古发现，一方面增加了故事的趣味性，一方面充实了历史知识。

值得一提的是，对于为了不打断故事的连贯性而未提及或未能展开的项，特地从《中国的历史》（讲谈社文库，1990）中节选了相关内容，以"陈说"的形式进行补充和解释，以便读者更好地理解和把握。

全书逻辑清晰，杂而不乱，语言平实，通俗易懂，又不失严谨与艺术，可谓雅俗共赏。

在本书结尾，陈舜臣先生写道："日本人想要了解中国人，阅读《史记》绝对是正道，同时也是一条捷径。因为《史记》里记载了中国人的所有人物典型——确切地说，这些典型并不限于中国人，而是涵盖了古今中外的人。"陈舜臣先生通过对《史记》的通俗化解读，用平静从容的文字，将《史记》中形形色色的人物细细勾勒，揭示出权利游戏背后的人性规律，让当下的我们在看清历史的同时，加深对人性本身的理解。

所谓历史，记载着一个国家产生和发展的全过程，蕴含着一个民族的精神财富和智慧，更昭示着兴衰更替的客观规律。唐太宗说："以铜为镜，可以正衣冠；以史为镜，可以知兴替；以人为镜，可以明得失。"镜者，鉴也。鉴往知来，认识过去才能预测未来。陈舜臣对于《史记》的考究与解读，能更好地帮助我们了解波诡云谲的历史变迁，完成对历史的重新审视，获得思想上的警示。这是作者的愿望，也是本书的目的所在。

此外，书中有关中国历史的部分表述，与作者本人的生活环境、个人阅历有关，或与国内提法有所不同，在此列举部分，予以简单说明：

其一，本书最后一章《武帝天下与史家绝唱》中写道汉武帝有"太阳王"之称。国内暂无此形容，但据《史记》《汉书》的《后妃传》记载，汉武帝生于汉文帝后七年（公元前157年）六月。母王氏，汉景帝中子。其母王氏在怀孕时，汉景帝尚为太子。王氏梦见太阳进入她的怀中，告诉景帝后，景帝说："此贵征也。"另外，日本作家伴野朗著有历史小说《太阳王·汉武帝》（中译本2001年由长江文艺出版社出版），而陈舜臣在《致读者》中也说这本书是写给日本读者的，因此，以"太阳王"称汉武帝是可以理解的。

其二，关于司马谈无缘封禅积郁而死的阐述，或许有的读者会产生疑问。司马迁在《史记·太史公自序》中写道："是岁天子始建汉家之封，而太史公留滞周南，不得与从事，故发愤且卒。"这里并没有给出确切的原因，目前国内对司马谈未能参加封禅的原因众说纷纭，有的学者认为他是因病滞留周南，也有的学者认为他是因被滞留而"发愤且卒"。日本学者泷川资言在《史记会注考证》引用中井积德之言，司马谈留滞周南，其实是因为汉武帝决意"尽罢诸儒不用"。《史记·封禅书》记载，司马谈确实曾经热心于具有浓重神学色彩的祭祀仪礼的制定与说明。元鼎四年（公元前 113 年），他曾与祠官宽舒议立后土祠，元鼎五年（公元前 112 年）又与宽舒议立泰畤坛，但两次建议均得到采纳。由此我们可以理解，在封禅即将进行时"而罢尽诸儒不用"的这种强烈反差下，司马谈痛感失落，悲愤积郁而死也是在情理之中的。

其三，作者在《致读者》中提到清朝灭亡于 1911 年，国内学界对清朝灭亡的确切时间也有所争议，目前有两种观点：一种是以清宣统帝溥仪下诏退位为依据，即 1912 年 2 月 12 日；一种是中华民国成立（1912 年 1 月 1 日）为依据，即清朝统治到 1911 年。本书作者采用的即是后者。

其四，由于史料本身的矛盾和解释的差异，关于苏秦、张仪的年辈问题形成了两种不同说法：一种认为苏秦早于张仪；一种认为苏秦晚于张仪。《史记》《资治通鉴》所记载二人基本属于同一时代，是战国合纵连横斗争中的对手，苏秦稍早。但 1973 年出土的长沙马王堆汉墓帛书《战国纵横家书》却表明：苏秦的年辈比张仪晚，苏秦死于公元前 284 年，张仪死于公元前 310 年，苏秦的主要活动均在张仪身死之后，张仪在秦国任相时，苏秦还没踏入政坛。因此文中提到的张仪、苏秦去世年份，仅为陈舜臣先生参考《史记》的记载而述写，实际情况仍有待考证。

　　陈舜臣本人是极为尊重史实和追求细节的，曾多次亲自考证书中出现的地名，比较不同史学家的记载、论述，作出自己的判断，并在书中做出详细说明，力求还原最真实的历史。所以本着尊重陈舜臣创作的原则，并未对书中争议之处作出修改。

序/《史记》在日本

覃启勋，土家族，1950 年出生于湖北省长阳县。历史学博士，专攻中国历史文献学和中日文化交流史，曾任中国《史记》研究会常务理事，现为武汉大学历史学院教授、武汉大学高级研究中心国学教研室主任、武汉大学传统文化研究中心客座研究员、湖北智库文化战略研究院特聘研究员。

覃教授师从徐中舒、阙勋吾、冯天瑜三位先生，是国内研究《史记》在日本传播及影响的第一人。他的硕士学位论文《〈史记〉与日本文化》（16 万字）曾获湖北省史学会颁发的优秀成果奖，其研究成果被多方引用。

本序为该论文之概要。

关于《史记》是何时传入日本的，在已接触的相关文献中，日本史学界存在着两种观点：其一，池田四郎次郎先生在《史记研究书目解题·关于〈史记〉在我邦的价值》中谈到："司马迁之《史记》传至我邦是何朝之事，尚不明白。"其二，野口定男先生在《读史记》中指出："《史记》传至我国，据说为派遣隋使和遣唐使所致。"前者是提出问题，以疑存疑；后者则反映了日本学术界的一般说法，不能作为定论，且自公元

600 年至公元 838 年，日本共派出十二批遣隋使和遣唐使，将期间的 238 年作为《史记》始传日本的时间显然不妥，但这是一条重要的历史线索。

笔者对大量资料进行分析、甄别后发现，在公元 600 年圣德太子派出第一批遣隋使之前，日本没有中国的史学，只有中国的经学和佛学。从公元 604 年起，日本逐渐形成了一股研究《史记》的风气，圣德太子在制定《宪法十七条》时已对其进行了合理地吸收。可见，**《史记》是在公元 600 年至 604 年之间由第一批遣隋使始传日本的**。尔后历朝《史记》续传日本的情况虽于史无载，但据日本著名学者大庭脩先生所著《关于江户时代唐船持渡书之研究·资料篇》散列的数目统计，该时期传入日本的《史记》及相关汉籍数量：凡 260 部、3012 套、5047 本。因此，日本江户时代，即我国明、清之际是《史记》东传日本的黄金时代。

《史记》传入日本以后，对日本的政治、教育、史学、文学等方面产生了极大的影响。

政治方面。《史记》所蕴涵的"大一统"思想和儒学义理直接适应了建立日本皇室统一政治、调整当时复杂的政治矛盾的需要，被圣德太子直接引入了《宪法十七条》。同时，受"天人感应"学说的影响，圣德太子首次将《史记·秦始皇本纪》中的"天皇"一词移植给了推古女王，此后，历代天皇成了人格化的神，是日本民族的象征和日本民族内聚的核心。

此外，据《正斋书籍考》《三代实录》《日本纪略》以及《扶桑略记》等史书记载，推古以后的历代天皇都非常重视《史记》的阅读和研究。例如明治天皇就特别喜爱《史记》——明治十年，他在东京城的住所中，作为日课之一，凡逢二、七之日，专修《史记》，所用课本乃鹤牧版之《史记评林》。除此以外，日本朝廷培养"传生"专攻《史记》等"三史"，并将《史记》下赐府库，以供政府官员研究，使他们理解司马迁"究天人之际，通古今之变"的深刻义理，以辅助朝廷治理日本社会。

教育方面。《史记》传入日本后，在宫廷教育中占据十分重要的地位。圣德太子能够参考《史记》等儒家经典制定《宪法十七条》，与当时皇室将《史记》作为宫廷教科书密不可分。到了奈良、平安时代，据《拾芥抄》记载，吉备真备自唐回到日本后，不仅专设"三史柜"（"三史"为《史记》《汉书》《后汉书》），并招收学生专授"三史"。得益于此，日本很多官员不仅能够理解《史记》的深邃儒学义理，而且能够以其为题材咏诗作赋。

除了宫廷教育，《史记》在日本中世武家教育和藩校教育中也发挥了重要作用，即便到了近现代，也是日本汉学教育的重要教材。例如，据泷川君山（资言）博士《史记总论》记载："维新之后，朝廷讲筵用《史记》，盖仍古例也。"池田四郎次郎先生也曾指出："明治、昭和时代，从大学到中学，往往以《史记》为课本，教材的需求与日俱增。"又如，明治书院于昭和五十六年（1981年）10月10日发行了大矢武师和濑户仁先生主编的《高等学校古典（古文、汉文）指导的理论和实践》，该书收录了井上正先生所著《〈史记〉的指导》一文，该文指出："如果论及汉文，《史记》是'经子类'（思想教材）、'诗文类'（文学类）最合适的。"也就是说，明治以后，日本的《史记》教育具有普遍性，究其原因，除了历史渊源和皇室传统以外，更重要的需要借助儒学证明"天皇政权"的合法性，同时《史记》各个篇章中的忠君爱国思想对于当时培养人才具有指导意义。

史学和文学方面。《史记》传入日本是中国史学传入日本的标志，在此之前，日本尚无自己的国史和史学。日本第一部国史《古事记》、第二部国史《日本书纪》先后于公元712年、720年完成，这两部史书虽然都是编年体例，但都直接受到了《史记》的影响。比如：均以神话传说开篇；记史以国君为中心；各卷以时间先后为序。

《史记》对日本的"记纪文学"，即以《古事记》和《日本书纪》为代表的日本古典文学产生了重要影响。这一点，从二者的体裁、文字符号（汉字）、叙事抒情风格，以及神话故事等方面进行比较便可以发现。此外，"日本古典文学的高峰"《源氏物语》以及日本汉诗也渗透着《史记》的种种影响。

《史记》体大思精，对日本各个方面都产生了巨大影响，由此日本逐步形成了一支实力强大的《史记》专门研究队伍。据笔者在有限条件下的了解，就日本近现代而言，颇有影响力的《史记》研究专家有泷川资言、水泽利忠、宫崎市定、野口定男、加地伸行、池田四郎次郎、池田英雄等一百多位。在研究《史记》的事业中，日本学者们展现了密切配合、扎实认真、勇于献身等可贵精神。

纵观日本学界研究《史记》的历史，可发现三个特点：

第一，重视《史记》的和译。据史料记载，著名僧人兼学者桃源瑞仙于文明年间（1469—1487 年）所抄《史记桃源抄》，凡十九卷，系日本最早的"国字解"《史记》。塚本哲三著《对译史记》，该书系原文与译文对举的形式，阅读方便，其注释以明代凌稚隆《史记评林》为底本，同时参酌了清人梁玉绳的《史记志疑》和中井履轩的《史记雕题》。据统计，日本的《史记》全译本和选译本有近百种。诸多和译本为广大不通汉语的日本民众学习《史记》创造了有利条件。

第二，突出人物传记。例如，野口定男的《读〈史记〉》第一部分三篇学术论文为"总论"性质，第二、三部分凡论文十二篇，论述传记人物的有十一篇。日本学界之所以突出人物传记，是为了探求以大小人物为中心点辐射开来的纷繁历史现象之实质。

　　第三，长于资料的汇集。日本学者在汇集《史记》研究资料过程中所表现的韧性和毅力简直达到了令人惊愕的程度，比如池田四郎次郎和池田英雄父子共著的《史记研究书目解题稿本》一书，规模宏大、体例专精、涉猎广博、收书殷富，远远超过了我国同类著作。这不仅能拓宽日本《史记》研究深度的凿进和领域，也能促进我国《史记》研究水平的提高，并有助于与日本同行开展学术交流，相互切磋，取长补短。

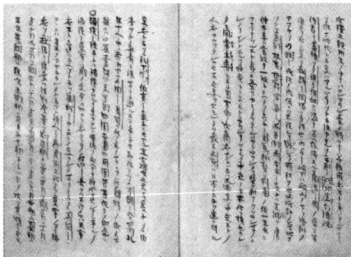

收藏于日本山形县市立米泽图书馆的
《史记桃源抄》（四册）

【目录】

被饿死的理想主义者

登彼西山兮，采其薇矣。

以暴易暴兮，不知其非矣。

神农、虞、夏忽焉没兮，

我安适归矣？

于嗟徂兮，命之衰矣！

遂饿死于首阳山。由此观之，怨邪非邪？

——《史记卷六十一·伯夷列传第一》

从洛阳沿着陇海线往东行，下一个大站就是郑州。郑州是河南省的省会，地处华北平原南部、黄河下游，东接开封市，西依洛阳市，人口约为八十万[1]。在日本，各车站都能买到当地的特色美食，例如，静冈县有腌山葵[2]、名古屋有米粉糕，而郑州车站的特产是烤全鸡——整只烤了，拿到站台上卖。火车一到站，乘客们就争先恐后地到柜台前排队。郑州站是陇海线和京广线交会的枢纽车站。火车会在这里停二十多分钟，所以不必匆匆奔跑也有足够时间去买烤鸡。当时，每只烤鸡是 1.5 元。

大约在三千年前，有两兄弟从远方跋涉来到这郑州城。哥哥叫伯夷，已经快 50 岁了；弟弟叫叔齐，30 岁出头。兄弟俩弃国流亡，正在寻找投身之处。

弟弟问："我们能去哪里呢？"

当时，殷王朝统治天下，殷都是天下的中心。按常理，他们应该投奔殷都。但哥哥说："那天子之都，我不太想去啊。"

弟弟说："我也不想去。"

殷王朝初期的都城在郑州附近，后来迁到了安阳附近。在安阳

---

[1] 人口约为八十万：按作者写作时记述。

[2] 腌山葵：是把山葵的根和茎切碎后，用酒糟、糖、盐腌制而成的酱菜。

市西北郊的小屯村发掘出的殷墟，证实了传说中的殷王朝是真实存在的。而且，通过研究殷墟出土的甲骨文，可以基本肯定司马迁在《史记》中记载的历代殷王姓名是符合史实的。

伯夷、齐的流亡，正是发生在这延续了近四百年的殷王朝末期。

当时的殷王名为纣，和夏王朝的桀王并称为两大暴君。纣王天资聪颖，能言善辩，而且行动迅速，膂力过人，据说曾赤手空拳打死猛兽。假如纣王愚昧无知，或许反而有益于殷王朝吧。偏偏他聪明而善辩，总能轻易地反驳，巧妙地掩饰自己的过错。

纣王还是个唯美主义者。他也喜好音乐。但比起庄严的雅乐，他更喜欢淫靡的音乐，曾让乐师涓创作了《新淫声》《北里之舞》《靡靡之乐》等乐曲。这些乐曲今天已经失传了，只是在《史记》里记载着曲名。

纣王大兴土木，建造宫殿、园林、仓库，广集天下的财物和美女，并在沙丘建了一个大苑台，用来饲养飞禽和野兽。"酒池肉林"这个词，正体现了纣王在沙丘苑台的豪奢作乐之状。《史记》记载："以酒为池，悬肉为林，使男女裸相逐其间，为长夜之饮。"这有点像群交会。

纣王尤其宠爱一个叫妲己的妃子。妲己是有苏式部落的绝世美女，在纣王征伐有苏部落时被掳入宫。这个女人总是别出心裁，为喜新厌旧的纣王想出各种新花样。例如，行刑若只是砍头，未免过于乏味了，于是就有了"炮烙之刑"。这是纣王和妲己共同设计出的酷刑——在熊熊燃烧的炭火上架设一根涂着油脂的铜柱，让囚犯走过去，而囚犯们大多会失足掉下火中被烧死。

在去往郑州驿馆的途中，伯夷和叔齐谈起了民间传言。

"哥哥，听说现在那炮烙铜柱上的油脂涂得少一些了。"

"这样其实更残忍……"

如果在铜柱上涂很多油，囚犯没走两步就会掉进炭火中，未免扫兴了些。少涂些油的话，囚犯不会马上掉下去，为了保持重心平衡，拼命挣扎着穿过火焰。然而，即便拼尽全力，最终还是徒劳的，很多人在眼看就要走到终点时掉进了火里。对于纣王和妲己来说，这样显然更过瘾。所以伯夷说，少涂些油反而更残忍。

伯夷和叔齐的故乡是孤竹国，他们是孤竹国国君的儿子。据说，他们还是神农氏的后裔。孤竹诞生于夏，是冀东地区出现最早的国家，大概位于今天的河北省东部到辽宁省西部一带，万里长城的起点山海关，以及秦皇岛都在其中。当然，当时长城还没建。

既然是国君的儿子，为什么要离乡背井呢？因为孤竹国君溺爱小儿子叔齐，要立他为继承人。国君死后，叔齐说："我不能僭越兄长而继承王位。"他想让位于兄长伯夷。但伯夷却认为不能违背父亲的遗命，不肯即位，甚至出走了。

叔齐闻讯，立刻去追赶兄长。追上后，他极力劝说，但伯夷无论如何都不肯回去。叔齐便说："既然哥哥不回去，那我也不回去。"

于是，兄弟俩就一路向西而行，一直到了郑州。如今，这里是两条铁路干线的交会处，而在三千年前，这里是个分岔路口。往北边走，是酒池肉林的殷都。

兄弟俩连国君之位都互相谦让，从性格上来说，当然不愿意去那颓废的天子之都。他们向路人打听："众诸侯中，有谁愿意收留无家可归之人？"

大家都说："可以去投奔西伯。往西走，去周国吧。"

"伯"意为诸侯之长，"西伯"就是西部诸侯的王者——周国的领主，名为昌。

伯夷环抱胳膊道："大家不约而同地这么说，真是让人担心啊。"

殷都的纣王是天子，但民心却都向着西伯，没有一个人劝说这对走投无路的兄弟去殷都就是明证。兄弟俩都认为，任何人都不能凌驾于天子之上。然而，从爱民、养民这一点来说，西伯的名声显然已经超过了纣王。怎么叫人不担忧？

【陈说】

周太王的儿子间也曾相互推让国君之位。文王的父亲季历是幼弟，他的两个兄长知道父亲的意愿后一起出走至荆蛮之地，文身断发。

这种兄弟继承、幼子继承的现象与后世大不相同，但在当时很普遍。到了长子继承的时代，就会觉得古代故事里出现的继承方式有点不可思议。但在太古时代其实是很正常的。从卜辞中可以清楚地知道，在殷代，兄弟继位是很普通的，到殷末的庚丁以后，父子继承才开始持续下来。

在当时正常，后世却变得异常——这样的例子很多。如果是恶人，就变本加厉地历数其异常（在其本人的时代是正常的）行径。但对圣人、贤人就不好办了，于是加上诸如察觉到父亲意思后出走之类不太自然的注释，而此类注释又逐渐衍变成故事本身。

在伯夷、叔齐的故事里，也能感觉到后人加工的痕迹。

——陈舜臣《中国的历史·第一卷·巨大的落日》

兄弟俩在分岔路口犹豫不决：到底是往北还是往西呢？在郑州驿馆休息时，忽见几个差人押着犯人走进来。那犯人双手被捆绑着。一个差人把犯人推倒在地，一脚踩在他脸上，狠狠地骂道："这恶贼，好不容易才被我抓住。可惜我却看不到你被烧死的狼狈样了！"

那犯人哈哈大笑起来："多亏了西伯，我才免受那灼热的地狱之苦。我何其有幸……"

差人朝他脸上吐了一口唾沫："浑蛋！"

伯夷问差人："为什么他说多亏了西伯而免受痛苦呢？"

"嗨，西伯把洛西的领地献给天子，请求废除炮烙之刑。天子恩准了，废除了那让犯人坠入火海的刑罚。所以，像他这样的罪大恶极之人倒是能死得痛快。"差人说着，又往犯人腰部踢了一脚，看上去无比愤怒。

几名差人离开驿馆后，兄弟俩对视了一眼，几乎同时喊道："盍往归焉！"——这句铿锵有力的话被载入了《史记》。

无须犹豫，兄弟俩立刻沿着黄河西行，他们即将前往西伯统治下的周国。

周国位于西北边境，都城即今天西安南部的丰邑。虽然地处西北边境，但周国百姓主要以农耕为业。他们原本是游牧民族，但贤能的首领教会了百姓农耕之法。"周"字正是田地的形状。

西伯位高权重，是殷王朝的三公之一。其他两人，一人是九侯。他的女儿被召进王宫服侍纣王，但因不喜荒淫而被纣王杀死。九侯受到株连，尸体还被剁成了肉酱。还有一人是鄂侯，因向纣王进谏，结果也被杀了，尸体被制成了肉干。

三公中唯一幸存的西伯见状暗自叹息。纣王得知后，就把西伯囚禁起来。西伯的家臣们连忙向纣王进献美女和奇珍异宝，纣王才赦免了西伯。

不过，百姓们在暗地里议论："西伯和九侯、鄂侯不一样。纣王忌惮其势力，哪敢随便杀他？"

确实，周国民风勤劳，而且保留了游牧民族的彪悍之气，打起仗来十分勇猛，多次受命于殷王征讨四邻，从未打过败仗。殷王本想通过征战拖垮周国，结果却适得其反——在征战过程中，周国领土不断扩大。出征已经成为一种军事演习，使军队变得日益强大。所以，即便纣王贵为天子，也不敢轻举妄动。

话说伯夷和叔齐刚踏上周国的领土，就听到了一个意外的消息：西伯去世了。

"啊？死了……"兄弟俩仰天长叹。

西伯是当时首屈一指的人物，只是不知他的继承人怎么样？

伯夷和叔齐进入周国前，曾在一个叫虞国的小国逗留了几天。

虞国大概位于现在的三门峡附近。郑州火车站以烤鸡闻名，而三门峡西站也有其特产——苹果。因为三门峡西站停车时间短，要买的话得抓紧时间。

伯夷、叔齐两兄弟听说虞国和西邻的芮国关系紧张，经常发生领土纷争。但在虞国的驿馆里，却同住着几个芮国人。

叔齐问道："大家都能和睦相处，跟传言说的不一样啊。"

其中一个芮国人说："三年前，因争地兴讼，两国百姓就像有世仇一样，我们根本没想到还可以到虞国来。这都是西伯的功劳啊！"

"哦？是西伯让两国重归于好的？"

"不是。本来两国使者确实是想请西伯出面调停的，结果到了周国一看，都为自己那点儿领土纷争而感到羞愧。"

"为什么呢？"

"在周国种田的农民都会互让田界——请这样的国家出面调停边境纷争，岂不是自暴其丑吗？于是，两国经过协商，重新和好了。"

"原来如此。"

叔齐把这事告诉了伯夷。伯夷却觉得纳闷儿，抱着胳膊说："这不合常理呀！从虞国去殷都和去周国丰邑距离差不多，为什么不去殷都呢？"

以日本打个比方，就像静冈县和爱知县发生纠纷，却不找东京的中央政府，而去找大阪府知事请求调停。这确实不合常理。

叔齐笑道："哥哥，我们不也没去殷都，而是打算投奔周国吗？"

伯夷道："说得也是啊。嗯……没人说闲话就好。只是，天无二日，土无二王啊……"他向来说话果断，这次却有些犹疑。

"皇帝"这个词是八百年后秦始皇的首创。从那以后，皇帝的兄弟、儿子、功臣等被封为"王"，所以各地出现了很多"王"。但是，在纣王的时代——公元前十一世纪，地上只有一位"王"。

"你既有德，就由你来统治天下吧。"

——受此天命之人，才可以成为王，所以又称"天子"。上古时代，天子会选择有德之人继承自己的位置，这就是"禅让"。尧让位给舜，舜让位给禹，但从禹之后就开始实行世袭制，开创了夏王朝。

说是"受天命"，但谁也没听过上天的声音。所以，所谓"上天的声音"，其实是百姓的呼声。百姓认为某人德行高尚、有仁爱之心，这样的人才能成为"天子"。即便实行世袭制后，天命也不是一成不变的。如果无德之人占据了天子之位，上天就会更改命令，让别人取而代之。

天命即将变革。此即"革命"也！

伯夷所担心的"闲话"，正是害怕有人叫嚣"天命即将变革"。若是上天旨意，当然应该顺从，但就怕是有别有用心的人捏造出来，那是绝对不允许的。

兄弟俩在虞国的驿馆里一直讨论到深夜，最后还是决定：相信西伯。

西伯既死，骁勇善战的姬发继位，成为周国君主，即周武王。

而殷都的纣王却和妲己沉迷于享乐，放纵无度。人的欲望是没有止境的。纣王恨不得把全天下的财宝都收归己有。

纣王及其近臣沉湎于酒色，完全不理朝政。群交会愈演愈烈。后世出土了许多殷代的青铜器，有尊、罍、爵、觚等，都是酒器或酒杯。

这种奢靡的生活是建立在普通百姓的苦难

【陈说】

　　纣王果真像《史记》等古籍所载，是典型的暴君吗？商纣时期的卜辞出土不少，但没有一片出现"妲己"这个名字。另外，从卜辞可知，纣王比先前的其他王更热心之上的。为了攫取天下瑰宝,苛捐杂税越来越重,百姓们被迫从事各种劳役却毫无回报。

天命即将变革!

上天即将抛弃殷王朝!

——这样的呼声此起彼伏。

"人的忍耐是有限的。殷王朝已经完全失去了民心。现在正是讨伐商纣的大好时机。"

周武王的部下不断劝新君主东征。各诸侯也劝其起义。但周武王却无意行动。他说:"天命归于何处,现在还未知。"

第二年,在殷都,比干劝谏纣王,纣王怒道:"听说圣人的心有七窍,我想看看是不是真的。"于是令人剖开了比干的胸膛。

纣王的叔父箕子经常劝谏。见比干被剖心,他很害怕,就佯装疯癫。但纣王还是把他囚禁了起来,并贬为奴隶。他是想躲也躲不过去。

阴险的密探网遍布全国各地。从古至今,暴君最爱使用密探,以封杀民众的呼声,以免传到天上去。

于按时举行祭祀活动,不仅没有辱没鬼神,还对鬼神十分虔敬。卜辞中纣王的实际形象与我们所听到的暴君故事相差甚远。

奴隶制社会的一大特点是随意杀人,有大量的非人之人,甚至有的人就是为了被杀而活着,例如祈雨时就需要人的生命。

周进入封建社会以后,就不像殷那样随心所欲地杀人了,墓葬中的殉葬者也极少。这个时代的人回顾上个血雨腥风的王朝,就把所有杀戮之罪加在末代帝王一个人身上。纣王大概杀过很多人,但和历代帝王所杀之数差不多。

——陈舜臣《中国的历史·第一卷·王朝的发端》

"百姓都不敢说话了。"

听到这样的报告，周武王终于决定起义。因为百姓沉默，正是王朝的晚期症状。

周武王发布了檄文："商纣罪孽深重，我谨奉天命讨伐之。诸位，起来战斗吧！现在时候到了！"

讨伐残暴的纣王！

天下人无不为此欢呼雀跃。周武王的起义就像燎原之火，得到了天下人的支持。

周武王正要出征，忽然跳出两个人，拦在马前。其中一人张开双臂拦住去路，另一人拉住周武王的马辔——正是伯夷和叔齐。

《史记》里这样记载兄弟俩的劝谏之言："父死不葬，爰及干戈，可谓孝乎？以臣弑君，可谓仁乎？"

周武王的部下欲杀二人。周武王制止道："不能杀。这是重义之人。"他让人把兄弟俩带走了。

大军出发了。周武王把亡父灵牌摆在车上，率领兵车三百乘、虎贲[1]三千人、披甲之士四万五千人，向东进发。

纣王调集了七十万大军迎击周武王。从兵力上看，是七十万对

---

[1] 虎贲：指近卫军。

五万。但殷朝的士兵都盼着周武王早日灭纣。于是，周武王的军队一逼近，他们就纷纷倒戈开路。

周武王的军队如入无人之境，在殷都南郊的牧野重创殷军。纣王逃跑，退入城中，将他的金银珠宝穿戴在身上，登上鹿台，放火自焚。

就这样，天下归顺于周。周武王受天命而成为天子。

然而，伯夷和叔齐却无法接受："这是谁定的呢？"

即使上天要抛弃殷王朝，也应该等它自行灭亡呀！诚然，等它自行灭亡，百姓会多受些苦，但总不能因此而弃"义"于不顾吧？兄弟俩不愿出仕周朝。他们决定以自己的行动对周朝天下表示抗议。

《史记》里记载："义不食周粟，隐于首阳山，采薇而食之。"

至于他们隐居的首阳山在哪里，则众说纷纭。而"薇"似乎也不够吃，兄弟俩不久就饿死了。

相传，他们临死前还作了一首歌：

登彼西山兮，
采其薇矣。
以暴易暴兮，
不知其非矣。
神农、虞、夏忽焉没兮，

我安适归矣？

于嗟徂兮，命之衰矣！

互让孤竹国君之位的理想主义者——伯夷和叔齐，梦想着以传说中的先圣们的"禅让"来变革天命。

然而，现实和理想总有差距。为了理想，兄弟俩不惜以身殉义。

孔子在《论语》中如此评价："伯夷、叔齐，不念旧恶，怨是用希。""求仁而得仁，又何怨。"大意是说，倘若为了理想而殉死，当然是十分美好的，令人向往，不会心生怨恨。

不过，司马迁也许不是这么认为的吧？他指出，在这世上，重义之人总是遭受厄运；而臭名昭著的杀人抢劫惯犯，反而能享尽天年。

天道，是邪？非邪？

伯夷和叔齐临终时，到底是诅咒上天的不公，还是为自己以身殉义的气节而自我陶醉？留待各位读者解读。

从流亡公子到一代霸主

乃与赵衰等谋，醉重耳，载以行。

行远而觉，重耳大怒，引戈欲杀咎犯。

咎犯曰：「杀臣成子，偃之愿也。」

重耳曰：「事不成，我食舅氏之肉。」

咎犯曰：「事不成，犯肉腥臊，何足食！」

乃止，遂行。

——《史记卷三十九·晋世家第九》

有一位绝世美女，从来不笑。

周朝取代殷朝二百五十年后，进入周幽王时期。

周幽王宠爱一位不爱笑的妃子，其名为褒姒，甚至为她废黜了王后和太子。他最大的愿望就是看见那位宠妃的笑容，并为此悬赏求计，谁能引得褒姒一笑，赏金千两。有一次，因操作上的疏忽，士兵误点了烽火——那是有外敌入侵时的紧急信号。各路诸侯纷纷率兵赶到，结果却发现京城安然无恙。见此情形，那位妃子终于笑了。此后，周幽王为了一博她的笑容，屡次命人点燃烽火。诸侯们一开始还火速前往，但后来发现遭到戏弄，即使看见狼烟升起也不再理会了。

王后申氏被周幽王废黜，其父亲怀恨在心，于是联合了犬戎部族进攻京城。周幽王赶紧点燃烽火，但却没有一位诸侯前来救援。最终，周幽王被杀死在骊山山麓。

公元前 771 年，周幽王之子周平王将都城东迁到洛阳，史称"东周"。东周延续了五百多年，直到被秦始皇灭掉。

东周虽然时间很长，但只是个有名无实的王朝。这五百多年，前半为"春秋"，后半为"战国"，合称为"春秋战国时期"。在秦始皇之前，各国诸侯纷纷争霸，但谁也不能完全统一天下。不过，随着局势渐渐趋向统一，诸侯之中出现了盟主，即所谓的"霸主"。

首位称霸的是齐桓公，随后是晋文公。现在，我们就来看看关于第二位霸主晋文公的故事。

晋国是周武王之子叔虞所分封的诸侯国。晋献公时期迁都于绛城，即现在山西省南部的临汾。临汾，顾名思义，地处汾河之滨，据说现在已经发展为畜牧销售中心。

晋献公五年（公元前 672 年），晋国讨伐骊戎部族，得到两位绝世美女 —— 骊姬和她妹妹。

"戎"是中国人对西方异族的称呼，南方异族称"蛮"，北方异族称"狄"，东方异族称"夷"。在骊山附近居住的西方异族称为"骊戎"。周幽王被杀死后，骊山这座舞台后来还发生过许多历史故事 —— 秦始皇陵建造于附近；山麓涌出的温泉见证了唐玄宗和杨贵妃的浪漫爱情；二十世纪时，张学良曾把蒋介石囚禁于此。

话说这位骊姬，或许是因为有高加索种族的血统，非常美丽，而且比周幽王宠爱的那位不爱笑的妃子聪明得多。

"我想废黜太子，改立奚齐为太子，怎么样？"

晋献公为了取悦骊姬，这么提议道。奚齐是骊姬所生。

晋献公的所有儿子中，以申生、重耳、夷吾三人最贤能，申生已被立为太子。

本以为骊姬听了改立太子的提议会很高兴，想不到她却哭倒在

【陈说】

无论是《史记》还是《春秋左氏传》，此段写得最小说化，读后不禁使人产生疑问：这是真实的历史吗？非也。谁能完全叙述整个故事？柳田国男在介绍了骊姬的故事后，曾评述道：

此条似物语，前半除太子之外无人可讲述，后半为公独自详细的亲眼所见，因而自始至终，当事人唯那个人面兽心者（骊姬），而她定然会永远欺骗自己的记忆。然而，左丘明这个盲人历史学家并非恶人，他究竟是怎么做到像亲眼目睹其光景一般生动简洁地将故事记录下来的呢？这是因为，就像他所忠实的史实一样，他未能极冷静地对待时代传承的结果。

地："诸侯们都已经知道晋国太子是申生。而且，申生讨伐东山有功，深受百姓爱戴。不能因为我的缘故而废掉嫡子，改立庶子。如果你非要这么做的话，我只能自杀。"

"哦？"晋献公颇感意外，心中暗暗佩服，觉得骊姬很贤惠。从此以后，晋献公对骊姬深信不疑。

晋献公二十一年（公元前656年），某日，骊姬对太子申生说："你父王梦见你的亡母，你可速去曲沃祭祀亡母，然后把供品带回来献给父王。他一定会很高兴的。"

太子申生的母亲是齐桓公之女，已经去世，葬于曲沃的宗庙里。

申生依言去祭祀亡母，然后把供品带回来准备献给父王。当时，晋献公打猎未归，申生就把供品放在宫里，然后回去了。骊姬在供品和酒肉里偷偷下了剧毒。

晋献公打猎回来，正要吃，骊姬说道："这些供品从那么远的地方带来，说不定坏掉了呢。慎重起见，还是先试吃一下吧。"

曲沃和临汾大约相距六十公里。

"路途确实遥远。"晋献公说完，把酒泼在地上，只见地面出现了隆起。晋献公大惊失色，又取了一块肉扔给狗吃。那狗把肉一口吞下，当场倒地而亡。他又让宦官试吃，那宦官也一命呜呼。

骊姬向晋献公哭道："想不到太子这么残忍，竟然想谋害自己的亲生父亲！对我们这些外人就更不会手下留情了。太子这么做，是因为我和奚齐。我们母子俩得逃往国外，或者干脆自杀……与其被太子折磨至死，还不如自杀痛快些。当初您想废掉太子时，我还加以劝阻呢。看来，是我看走眼了……"

晋献公气得满脸通红。在废太子一事上，骊姬确实为申生说过话，并因此取得了晋献公的信任。所以，现在她声泪俱下的哭诉显得尤为真切。

申生听到风声，立刻逃回了新城曲沃。之前，晋献公因想另立太子，嫌三名贤能的儿子碍事，派他们到远离国都的地方去筑城

实际上，在左氏所凝视的人生中，女子、小人以及其他凡庸之辈似乎比任何一个时代更加机敏活跃。（筑摩书房版《定本柳田国男集·第七卷·不幸的艺术》）

的确令人费解，但从连细节都如此清晰的传承故事里，我们可以感觉到，其中包含着晋人对申生安魂的祈祷。

——陈舜臣《中国的历史·第一卷·五霸交替》

驻守——太子申生到曲沃，重耳到蒲城，夷吾到屈城。当然，派驻理由冠冕堂皇——曲沃是宗庙之地，蒲城邻近秦国，屈城邻近翟国，皆边陲重镇。

重耳、夷吾两位公子从边城来到国都，向父亲请安。在这期间，骊姬也想设法除掉他们。她向晋献公告状说："上次投毒的事，重耳和夷吾也是同谋。"

年迈的晋献公对骊姬言听计从。他怒喝道："岂有此理！把他俩抓起来！"

消息传到了重耳和夷吾那里。事关性命，他们在宫廷内布有线人。两位公子闻讯立刻返回各自的城邑。当然，是不辞而别。

申生、重耳、夷吾各自回城后，选择了各不相同的对策。

申生的家臣劝说："投毒是骊姬设的圈套，为什么不坦然向国君申辩呢？"

申生摇头道："父亲已经年老，如果没有骊姬做伴，会寝食难安。如果他知道自己所倚重的竟是如此可怕的女人，会怎么想呢？不妥，不妥！"

也有人劝申生流亡列国。

申生说："既背此恶名，就算逃到国外也没人肯接纳我吧。不如干脆自杀算了。"最终，他选择一死了之。《史记》记载："申生自杀于新城。"《春秋左传》记载："缢于新城。"

重耳选择了逃跑。

晋献公认为，重耳、夷吾二公子不辞而别正是参与投毒事件的证据。于是发兵攻打蒲城和屈城。

在蒲城，宦官勃鞮劝重耳道："事已至此，不如自杀吧。"其实他是晋献公派来的耳目。

"嗯……怎么办呢？"重耳嘴上这么说，心里已经打定了主意：留得青山在，不怕没柴烧，逃！

趁对方不备，重耳冲出后院，爬上松树，从树上翻过围墙。正要跳下去时，勃鞮拔刀追到了墙边，挥刀砍去，却只砍断了重耳的衣袖。那半截袖子在风中轻轻飘落。

重耳成功脱险后，逃到了母亲的故国——翟国。当时他已经四十三岁，手下有"五贤士"跟随——赵衰、贾佗、先轸、魏武子以及咎犯[1]。

夷吾则选择了据城抵抗。

晋献公的军队进攻猛烈。但屈城防守坚固，无法攻破。第二年，晋献公派遣贾华为将军，展开正式进攻。夷吾好不容易才杀出重围，逃往梁国。

三年后，晋献公去世，骊姬所生的奚齐继位。但只有晋献公才

---

[1] 咎犯：重耳的舅舅。

能保住他们的地位，晋献公既死，宫廷内便立刻分成"骊姬派"和"流亡公子派"，展开了激烈斗争。

晋献公还没安葬，"流亡公子派"的里克就杀死了奚齐。"骊姬派"的大臣荀息想殉死，手下提议说："奚齐还有个弟弟——悼子。"悼子是骊姬的妹妹所生。于是荀息就拥立悼子，与"流亡公子派"对抗。不久，里克又将悼子杀死。荀息也以身相殉。

里克政变成功后，派使者去翟国迎接重耳回国。

若回国，即可坐上国君之位，但以善于逃跑而闻名的重耳却觉得有危险。他暗自思忖：国内的政变还没完全平息，虽然"骊姬派"已被铲除，但接下来"流亡公子派"一定会分裂为"重耳派"和"夷吾派"。在投毒事件中，自己仓皇出逃，而夷吾选择了抵抗，大家当然会觉得夷吾更有出息。

细想之后，最终打定了主意。

《史记》记载："重耳畏杀，因固谢，不敢入。"意思是说，重耳怕死，坚决辞谢，不敢回国。

于是"流亡公子派"迎接夷吾回晋国，立为国君，是为晋惠公。

有个哥哥在翟国流亡，晋惠公寝食难安。他决定派刺客暗杀重耳。刺客队长就是当初砍断重耳衣袖的宦官勃鞮。

重耳在晋国安插了线人。另外，有些人虽然并没受雇于他，但也会主动提供消息。在那个动乱的时代，还是应该多给人施以恩惠的。所以他们抱着一种类似于买保险的念头，到处给人通风报信。就这样，远在翟国的重耳得到了晋惠公要派人刺杀自己的消息。

"怎么办呢？"重耳自问自答，"又得逃跑喽！"

重耳在翟国已经住了十二年。其间娶了妻，并生了两个儿子。离开翟国前，他对妻子说："若二十五年后我还没有回来，你就改嫁吧。"

妻子微笑着回答："二十五年后，恐怕我坟前的柏树都已经长大了。但我会一直等你的。"

重耳和五贤士商议后，决定去投奔当时称霸天下的齐桓公。当时，齐国刚刚失去了管仲、隰朋两位栋梁之材，正在招徕能接替他们的贤能之士。

"盍往乎？[1]"重耳意气风发地说道。

齐国的疆域在山东半岛及其相邻地区，国都临淄，位于济南市东边约一百公里处。从翟国去齐国路途遥远，途中必须经过卫国。当时，卫国的国君卫文公对重耳十分冷淡。这也难怪，卫国曾遭翟国攻打，前国君卫懿公兵败被杀。重耳的母亲是翟国人，而且重耳也在翟国住了十二年，卫文公当然不可能笑脸相迎。

---

[1] 盍往乎：为什么不去呢？

重耳经过卫国一个叫"五鹿"的地方时，食物已经吃尽。主仆一行饥饿难耐，只得向当地村民讨吃的。村民却用碗装了一块泥土给他，仿佛嘲笑道：你们这些流浪乞丐，吃泥土好了！

重耳正要发怒。赵衰在旁劝道："得到泥土，不就象征着得到领土吗？应该欣然收下才对。"

经历了千辛万苦，重耳一行终于来到齐国。齐桓公盛情款待了他们，并把一位王族女儿许配给重耳。重耳深爱着这个女人。

"在这里过日子真舒服呀！"重耳一边晒太阳，一边打着盹儿。每次外出，他都配备二十乘马车的座驾，其他方面也都应有尽有。于是，重耳渐渐开始贪恋眼下的安逸生活，而把投靠齐国、借助齐国之力荣归故国的野心抛诸脑后了。

第二年，齐桓公去世了。此后，齐国的势力日渐衰微。

重耳的家臣们私底下商议道："看来齐国靠不住了。公子再这样下去，将碌碌无为。"

重耳的妻子也支持家臣们，希望重耳能成就一番霸业。但安于现状的重耳却总说："人生重在安逸享乐，又何必多管闲事？我打算在这里过一辈子呢。"

一天，妻子把重耳灌得酩酊大醉，然后交给家臣。家臣们把重耳抬上马车，离开了齐国。走到半路，重耳酒醒，勃然大怒，拿起长矛对准咎犯的胸口。

咎犯敞开胸口道："只要主公能成就霸业，我愿一死。"

重耳不笨，他明白家臣的忠心，但一时余怒未消，便狠狠骂道："行！如果我不能成功，就杀了你，吃你的肉！"

咎犯答道："当然可以。不过，到时我的肉恐怕早已腐烂，难以下咽了。"

就这样，重耳一行离开了寄居五年的齐国，再次踏上流浪之旅。

经过曹国时，曹共公很是怠慢他们，并且说："听说重耳长着骈胁，很想看看是什么样的。"——"骈胁"是指肋骨连成一片，古人认为这是力大无比之体格，十分罕见。

曹共公不顾大臣釐负羁的劝阻，趁重耳入浴时偷看了他的骈胁。

在中国，即使大家同是男人，也不愿意自己的裸体被人看见。用餐时，大家可以一起吃同个碟子里的菜肴，但却不会共用一个浴缸。即便如今，城里的浴室也大多采用隔间的形式。

国君做出了如此无礼的举动，为了表示歉意，釐负羁给重耳送去食物，并在食物下放了一块璧玉，类似今天把现金偷偷塞在点心盒里拿去送人一样。

重耳收下食物，说道："你的好意我心领了。"然后把璧玉还了回去。

接着，一行人来到宋国。在这里，他们受到了礼待。但宋国刚打败仗，元气大伤，无法成为靠山。

于是，重耳又来到郑国。郑文公却对他们十分无礼，态度冷淡之极，他说："各诸侯国来投靠我的流亡公子多了去了，我总不能一个个都接待吧？"

大臣叔瞻看出重耳一行并非寻常人——重耳具有当圣明君主的潜力，而他的家臣们也都各具将相之才，于是劝郑文公："我们应该以礼相待。要不就干脆杀掉他们，免留后患。"

郑文公不听，还嘲笑道："不过是四处乞讨的流浪公子而已，怎么可能危及我们国家呢？你是得了被害妄想症吧。"

重耳一行离开郑国，来到楚国。楚成王以对待诸侯之礼节厚待他们。于是重耳说道："将来倘若与贵国交战，我会让军队退避三舍，以此作为回报。"

军队一天的行军路程称为"一舍"，即三十里——当时的一里约四百米。"三舍"即九十里，相当于三十六公里。这就是成语"退避三舍"的出处。

楚国大将子玉怒道："重耳竟敢口出狂言，杀了他吧！"

楚成王却摇摇头。当然，他没有像郑文公那样小看重耳，只是道："如此贤明的君主，又有如此贤臣辅佐，这是天意。不能杀。"

其间，在秦国当人质的晋国太子圉[1]逃回国去了。秦穆公怒其

---

[1] 太子圉：晋惠公的儿子，秦晋韩原之战后，作为人质送往秦国的太子。

背信弃义，于是就接纳了流亡公子重耳一行，想利用他推翻晋国的现政权。

盼望已久的机会终于到来了。

重耳投奔秦国这一年，他的弟弟夷吾去世，从秦国逃回晋国的太子圉继位。但这位新国君没什么威望，以至于众僚臣都在暗中联系寄居秦国的重耳，成为他的内应。所以，当秦穆公出兵护送重耳回到晋国时，只有少数派进行了一些零星抵抗。

最终，重耳顺利地实现了归国的夙愿，当上了国君，即晋文公。重耳在国外流亡了十九年，当上国君时已经六十二岁。

后来，晋文公向各地出兵，拥护周朝王室，成为天下的霸主。所谓霸主，就是召集各诸侯会盟并取得盟主地位的人。说得通俗一点，就是把诸侯召集起来，号令大家"向周王敬礼"。如果没有实力，无论如何叫唤"集合"也不会有人响应，即使有一两位诸侯前来，也算得"会盟"。霸主发话了，谁敢不听就讨伐谁！凭借这样的威慑力，才能把诸侯们召集起来。

为了显示自己的实力，晋文公东征西战。其间，也曾和楚国交战。他遵循"退避三舍"之约，先让军队后退三天的行军路程，然后再开战。

忘恩负义者不配为人。当然，有仇不报亦非君子。

为报当年被曹共公偷窥入浴之辱，晋文公出兵攻打曹国。同时，他下令士兵不得进入釐负羁家中，以报答釐负羁赠送食物和璧玉的恩情。

在讨伐曹国之前，晋文公占领了五鹿——当地村民曾把泥土装在碗里嘲笑他。

如今，看着这些村民跪拜在自己脚下，他冷冷地说："当年你们给我泥土，就是表示要把土地献给我的意思吧？"

郑国也遭到了攻打。曾劝郑文公"若不能以礼相待，干脆杀掉重耳"的叔瞻自杀了。郑文公把叔瞻的尸体交给晋文公，乞求饶恕。晋文公没有答应。

有人认为，晋文公不能算绝对意义上的霸主。理由是，真正的霸主，应该率领众诸侯齐赴周朝之都，号令大家向周王敬礼。但晋文公担心后方空虚，没敢这么做，而是把周王叫到自己势力范围内的河阳，再召集各路诸侯来此地。

关于这件事，《春秋》记载："王狩于河阳。"天子被臣下的诸侯呼来唤去，不成体统，所以才记载为去河阳狩猎。这就是所谓的"春秋笔法"。阅读史书，我们需从轻描淡写的文字里，敏锐地读出隐藏其中的事实，以及史学家不得不这么写的苦衷。

在讨伐郑国的两年后，晋文公去世了。

流亡公子终成一代霸主，这归功于他有好部下、好妻子以及姗姗来迟的好机会。

热血传奇之吴越春秋

伍子胥仰天叹曰：『嗟乎！谗臣嚭为乱矣，王乃反诛我。我令若父霸。自若未立时，诸公子争立，我以死争之于先王，几不得立。若既得立，欲分吴国予我，我顾不敢望也。然今若听谀臣言以杀长者。』

乃告其舍人曰：『必树吾墓上以梓，令可以为器；而抉吾眼县吴东门之上，以观越寇之入灭吴也。』

——《史记卷六十六·伍子胥列传第六》

绿浪东西南北水，

红栏三百九十桥。

正如唐朝诗人白居易这两句诗咏唱的一样，苏州位于长江三角洲，地处太湖之滨，是名副其实的"水城"。

春秋时期，这里是吴国都城。

夏、殷、周这三个朝代的历史舞台集中在黄河中游的原野上。周幽王死后，周朝王室名存实亡，随着诸侯争霸的春秋时期开始，历史舞台逐渐向南扩展，长江流域也成了备受瞩目的地区。

长江中游称"楚"，下游称"吴"，长江以南地区则被笼统地称为"越"。Vietnam 汉字写成"越南"，意思就是"越"的南方。

公元前 522 年，楚国名门望族出身的伍子胥逃到吴国。这一年，距离晋文公去世已经过了百年；这一年，孔子在鲁国迎来而立之年。

伍子胥来到吴国，成为公子光的门客。无论家世如何显赫，一个流亡异国之人，终究是软弱无力的。伍子胥想获得力量，就必须寻求有权有势的靠山——他选择了公子光。

公子光问道："你不恨我吗？"几年前，他曾率领吴国军队攻打楚国。

"不恨。"伍子胥摇摇头说，"我虽然身为楚国人，但我最恨的人却是楚王。"

"听说，被我攻打之后，楚国慌里慌张地修筑城墙，把都城围起来。照搬了中原各国那一套，真是懦夫……"公子光得意扬扬地说。一直以来，北方国家才会在都城四周修筑城墙，南方并没有这种做法。

"其实也未必是因为胆怯。只要是有志于建功立业的国君，一定会考虑修筑城墙的吧。"伍子胥看着对方答道。

公子光不太明白这话是什么意思。过了几天，越国[1]王宫内的耳目传来消息："越王允常正在会稽北边筑城。"

"越王这傻瓜，莫非也在赶时髦？"公子光冷笑道。

"筑城是范蠡的主意，由公子勾践亲自监工……"

"啊，范蠡？"公子光坐不住了。

范蠡是个高人，不会仅仅为了赶时髦而筑城。于是，公子光立即唤来伍子胥。

"上次你说过筑城未必是因为胆怯，愿闻其详。"

"例如，吴国现有十万军队，出征时却只能出动七万，因为还要留三万守城。但如果修筑了城墙，就能出动九万。"

"原来如此……那你知道怎么筑城吗？"

---

[1] 越国：定都会稽，今浙江绍兴市。

"略知一二。"

伍子胥来自楚国，楚国域内的汉水延伸至中原附近，经常与中原各国展开激烈的攻防战，所以楚国的重臣都积累了丰富的筑城经验。

"那你帮我们筑一座小城吧。"

"遵命。"

伍子胥，名员，父亲伍奢在楚国太子建手下任太傅之职。

当时楚国的国君是楚平王。他派费无忌去秦国给太子建说媒。费无忌回到楚国后，竟然悄悄告诉楚平王："秦王之女是绝世美人，大王不如把她纳为自己的妃子。"于是，生性好色的楚平王把原本的儿媳占为己有，另找了女子许配给太子建。

费无忌极力讨好楚平王，但他担心楚平王死后，太子建继位，自己会因为提议强纳儿媳一事而受到报复。于是，他就在楚平王面前挑拨说：太子有谋反的迹象。

楚平王唤来太子的侍从长伍奢询问。费无忌暗中做了很多手脚，无论伍奢如何申辩，都不能消除楚平王的疑心。

楚平王把伍奢关押起来，并下令司马奋扬去诛杀太子。司马奋扬是忠义之人，他派人暗中给太子报信："性命危矣，请速逃。"

伍奢有两个贤能的儿子。费无忌心想："只有除掉这两人，才能高枕无忧。"于是唆使楚平王下诏传唤两人："你俩来的话，可饶你们父亲一命，否则就杀死他。"

弟弟伍子胥看了眼前的诏书，说道："即便我俩前去，父亲也会被处死。我俩也会送命。"

哥哥伍尚说："这我明白。但从情感上说，我还是要去。明知是送死也必须去。你可逃走，为父亲报仇！"说完，他就去见楚平王了。

就这样，伍奢和长子伍尚慨然赴死，次子伍子胥逃出了楚国。

伍奢被杀前，听说次子逃脱的消息，便预言道："走着瞧，楚国君臣要遭受战祸之苦啦！"

太子建逃往宋国，伍子胥追随而去。但宋国正处于华氏之乱[1]，主仆俩只好逃到郑国，并且受到了礼待。但力图东山再起的太子想投靠大国，于是又来到晋国。当时晋国的国君是晋顷公。他对太子建说："我灭了郑国后，就把这块地封给你。郑国很信任你，所以我想请你回郑国去当内应。"

对于一个流亡太子来说，封侯的魅力太大了。于是太子建答应了，回到郑国。但因为与侍从产生矛盾，最后导致密谋败露，被郑定公杀死。

伍子胥好不容易逃出郑国都城，向南而行。南方的楚国虽然是故国，但伍子胥身为逃犯，被四处通缉追捕。走投无路之下，来

---

[1] 华氏之乱：指宋国华定、华亥等杀宋群公子，劫持宋元公一事。

到长江岸边。

这时有个老船夫划船过来。

伍子胥跳上船，说："后面有追兵。有劳了！"

船夫答了声"好的"，就把他渡到了对岸。

伍子胥摘下身上的宝剑，递给船夫，说："老大爷，多谢了。这把宝剑值百两黄金，请收下吧。"

船夫却不肯收。他微笑道："不必了。在楚国，抓住伍子胥的话，能得五万石粟、封官加爵。一把剑又算得了什么呢？"

在朝廷，有放跑太子建的忠义之士司马奋扬；在民间，也有像这位船夫一样的侠义之人。

后来，伍子胥在路途中患病，一路乞讨，历尽千辛万苦，才终于逃到吴国。经历磨难越多，对杀害父兄的楚平王就越加仇恨。报仇之念成了他的精神动力。

伍子胥一有机会，就力劝公子光攻打楚国，但不知为何却没被采纳。直到受公子光之托修筑好小城时，伍子胥才恍然大悟："原来如此……"

公子光来到现场，对刚筑好的小城十分满意。"建得很好。这是小城，接下来就请你修筑大城吧。"

在这里有必要简单介绍一下吴国的历史。

周太王有三个儿子——长子泰伯、次子仲雍、末子季历。周太王见季历之子昌[1]是圣贤之人，想传位于他。当然，前提是必须先让季历继承自己的王位。但季历只是末子，这让周太王觉得很为难。

长子泰伯和次子仲雍明白父亲的心思，于是一同逃奔到长江下游地区，并成立了一个新国家，即吴国。

对于有名无实的周王室，中原各诸侯仍有所顾忌，所以只是自封"公""侯"。最早称"王"的是南方的楚国。随后，吴国的寿梦[2]也开始以"王"自称。

历史在重演。吴王寿梦想把王位传给末子季札，但季札坚决推辞，最后由其长兄——诸樊，也就是公子光的父亲继位。诸樊尊重先父遗志，为了让末弟季札能继位，他规定以后的王位由兄弟继承。

于是，诸樊死后，二弟余祭继位，其后又由三弟夷昧继位。

公元前526年，夷昧去世。但末弟季札仍然拒绝继位，于是王位由夷昧之子僚继承。对于这个结果，公子光自然心怀不满：如果是父位子承，按正统来说，也应该传给长兄的长子吧。

公子光说要筑大城，正是因为想暗中图谋篡位。

伍子胥看出了他的心思，小声答道："但愿那一天早日到来。"

"哦？那你愿意修筑大城吗？"

---

[1] 子昌：后来的西伯，即周文王。

[2] 寿梦：从泰伯算起的第十九代。

　　"我愿为此竭尽全力。"

　　"此话当真？"

　　就这样，主仆俩开始密谋政变。

　　伍子胥来到吴国的第七年，吴王僚被一个叫专诸的刺客杀死。多年后，荆轲行刺秦始皇时，把匕首藏在进献的地图卷轴里，而专诸则把匕首藏在烤鱼的鱼腹中。荆轲行刺失败，而专诸成功了——他用匕首刺死吴王僚，随后自己也被两旁的侍卫用长矛刺中胸膛。

　　派专诸行刺的，正是伍子胥。

　　政变成功后，公子光登上王位，是为吴王阖闾。

　　阖闾即位后，问伍子胥："你想要什么赏赐呢？尽管说吧。"

　　伍子胥说道："我有三个请求：其一，请封刺客专诸的遗孤为上卿；其二，请任命我为修筑大城的统领；其三……"

　　"你不说我也知道。"吴王阖闾打断了他，"出兵攻打楚国，为父兄报仇雪恨。对吧？"

　　"正是。"伍子胥点点头。

　　"楚国人真有一股狠劲啊！"吴王阖闾嘀咕道，似乎是说给一旁的年轻儿子夫差听。

　　有这种狠劲的楚国人，不只是伍子胥，还有伯嚭——因祖父伯州犁被楚王所杀，伯嚭逃到吴国，他和伍子胥一样也怀着强烈的报仇之念。

阖闾篡位的前一年，楚平王死了，由儿子继位，即楚昭王。而陷害伍子胥父亲的费无忌也被楚昭王部下处死。也就是说，伍子胥的第一号仇人楚平王、第二号仇人费无忌都死了。但伍子胥的报仇之心非但没有减退，反而越来越强烈了。他咬牙切齿地说："不，不，我的仇人是楚国！"

阖闾教导儿子说："我们吴国人似乎比较心软，不像楚国人那么狠。以后要向他们学习。"

"是。"夫差顺从地回答，但内心却十分反感——和楚国连年交战的过程中，父王竟渐渐沾染了楚国的风气！

佩服强敌是人之常情，但夫差年纪尚轻，也没有和敌国作战的经验，不明白个中道理。他只是凭借双方交战的胜负进行判断，难免会认为："楚国人再怎么狠，打起仗来，还不是我们吴国人占了上风？楚国人在国都郢城修筑城墙，不就是怕我们的明证吗？父王却学楚国这一套，明明没什么可害怕的，却热衷于筑城。公子时期起筑小城，现在当了国君，更是想把整个国都都围起来。"

吴国军队之所以强盛，得归功于孙武将军——就是被后世誉为"兵圣"的孙子。阖闾即位三年后，率兵攻打楚国，夺取了舒邑[1]。阖闾本想一举攻占楚国都城，但孙武劝道："民众疲劳，请

---

[1] 舒邑：今安徽省庐江县。

暂且等待。"遂撤兵回国。第二年，阖闾继续出兵，蚕食楚国的领土。再下一年，却转向讨伐越国。

吴国和越国很近。阖闾用城墙围起来的吴国都城就是现在的苏州；而越国国都所在的会稽山阴之地，即后来诞生了文豪鲁迅的绍兴。绍兴以酿酒闻名，绍兴酒也深受日本人的喜爱。

江苏和浙江不仅地理位置相邻，而且风土人情也非常相似，有如兄弟。俗话说：兄弟争吵格外凶。吴国和越国正是如此。有个成语叫"吴越同舟"，典故出自孙武所著兵书《孙子兵法》："夫吴人与越人相恶也，当其同舟而济，遇风，其相救也如左右手。""吴越"甚至成了老冤家的代名词。

然而，阖闾即位时，吴国正处于全盛期，当然有点轻视越国：想要争霸，越国还不够格。在阖闾心中，头号对手是楚国，越国只是被置于不起眼儿的角落。正如日本战国时代的武将觊觎京都一样，吴国也以逐鹿中原为目标。要通往中原，就不得不经过楚国，而楚国十分强大。所以，吴国的对手不是越国，而是楚国。

即使报仇心切的伍子胥没有从旁唆使，阖闾也总有一天会攻打楚国。吴王阖闾九年（公元前 506 年），孙武终于做出决断：攻打楚国都城的时机到了！

楚国大将子常为人贪婪，招致其属国的不满。于是孙武定下计策：先把楚国的属国——唐国和蔡国拉拢入己方阵营。

吴王阖闾的弟弟夫概也参加了这场战斗。吴、楚两军隔着汉水对阵，阖闾命令暂不进攻，但夫概却不顾吴王按兵不动的命令，擅自率领五千士兵袭击楚军。阖闾无奈之下，只得号令全军发起进攻，一举击溃了楚军。

楚军大败。楚昭王逃到随国。随国位于湖北省武汉市的西北方，现在的地名叫"随县"。

吴军攻入了楚国国都郢城。

伍子胥欣喜若狂：报仇之日终于到来了！

楚昭王虽然逃跑了，但杀害伍子胥父兄的楚平王还躺在坟墓里。伍子胥紧握着皮鞭，目露凶光。

关于这一复仇场面，《史记·伍子胥列传》里是这么描写的："掘楚平王墓，出其尸，鞭之三百，然后已。"

伍子胥当年逃离楚国时，曾对挚友申包胥说："我一定要灭了楚国！"

申包胥笑着回答："那我一定要拼死保护它！"

吴军进驻后，申包胥逃到山里。他听说了伍子胥掘墓鞭尸之事，就让人传话给伍子胥："你这样做也太狠毒了吧。我听说：人得势时或能胜天，但终究还是敌不过天。你原本是楚国臣子，效忠于平王。而今竟然连死人尸体也要侮辱，实在是有违天理。看来，天道灭人的时候就快到来了！"

　伍子胥对来人说道："你回去转告申包胥，就说：日暮途远，我只能如此。"即自己已经年老，时间所剩无多，还顾什么天理呢？为报此仇，他投奔吴国后，已经等了整整十六年。

　申包胥逃往秦国求救。秦国当时的国君是秦哀公。楚昭王的母亲是秦王之女，就是原本许配给太子建当王妃，而后被其父楚平王占为己有的那位。所以，秦国和楚国之间存在联姻关系。但秦哀公却拒绝出兵救楚。于是，申包胥站在秦王宫殿上痛哭哀求了七天七夜。

　无论是报仇心切的伍子胥，还是这位痛哭求援的申包胥，都体现了楚国人的狠劲。秦哀公最终也被他感动了，说道："我本来想，楚王强纳儿媳为妃，可见楚国是个野蛮之地，就让它灭亡算了。想不到竟然有这样的忠臣。也罢，出兵帮你吧！"秦哀公派出五百乘兵车前去救援楚国。

　对吴国来说，前线要与秦国的援兵交战，后方边境又频频遭到越国侵扰。而且，趁着吴王阖闾出兵伐楚时，他那位无视军令的弟弟夫概竟然回国自立为王。

　于是，阖闾从楚国撤兵，回国讨伐夫概。夫概兵败，逃往曾经的敌国楚国。楚昭王就将堂溪的领地分封给他——敌我关系果真变幻莫测啊。

　此后，吴、楚、越三国之间还发生过多次小规模的局部战争。而出动大军的大规模战争，是在十年后爆发的。

　　吴王想要称霸中原，而东南方蠢蠢欲动的越国，无疑是一大隐患。吴王一直在等待时机，以消灭越国。

　　机会终于来了。越王允常去世，太子勾践继位。

　　阖闾闻讯，立刻出兵。战场在檇李，即今天的浙江省嘉兴市南部，位于上海和杭州之间。

　　越国祭出奇招。如果孙武还在，也许能一眼看穿对方计谋，可惜这位绝代军事家已经去世了。

　　越国采取的战术可谓世间罕见——派出死囚，以给其家属报酬作为条件，让他们在敌阵前集体自杀。囚犯排成三行，分别行至吴军阵前，举剑割喉自刎。《史记》就此一笔带过。而据《春秋左传》记载，囚犯们行至阵前齐声呼喊："两军交战，我们违反了军令，犯下大罪，死刑难免。干脆就死在阵前吧！"

　　对于这不可思议的集体自杀场面，全体吴军看得目瞪口呆。越军趁机发起猛攻，大败吴军。

　　吴王阖闾在乱战中被砍断脚趾，大概是因为感染，不久就死掉了。临终前，他给太子夫差留下遗言："不要忘记你父亲是被越王勾践杀死的！"

　　夫差擦干眼泪，发誓道："我绝不会忘记的。三年之内，必报此仇！"

　　说到报仇，夫差身边就有伍子胥这样一个绝佳范例。夫差想起了父亲从前的教导：必须学习楚国人的狠劲！莫非父王早就预料到今日之事？

　　为了报仇雪耻，夫差在暗中准备，但消息还是被越国奸细传入了越王勾践的耳朵里。虽然越国以囚犯自刎的奇招打了胜仗，但就国力而言，越国还远在吴国之下。

　　勾践说道："这次也只能出奇制胜。趁对方还没准备好，我们先出兵攻打吴国吧。"

　　范蠡表示反对："兵器乃不祥之物，战争是违背天道的。"

　　勾践却说："我已经决定了。"

　　他调集军队，出兵至太湖附近。吴国军队在自己熟悉的土地上作战，而且为雪前耻，士气高昂。勾践遭遇了惨败。他带着五千残兵败将逃到会稽山，被吴军重重包围。

　　"我没听你的劝告，所以才落得如此下场。"勾践垂头丧气地对范蠡说，"现在应该怎么办？"

　　"大王什么都肯做吗？"

　　"嗯，事到如今，也顾不得许多了。"

　　"大王须俯首谢罪，将自己的财宝悉数送给吴国。还要亲自去侍奉吴王，像商人一样奉承他。"

　　"这真是太窝囊了……"

"求和之使命，只有文种能胜任。"

于是大臣文种被派往吴国军营。

文种跪拜在地，说道："勾践愿臣服于大王，并让其妻为妾，侍奉大王。"

吴王夫差心动了。伍子胥却在一旁厉声喝道："不要听他的！上天把越国赏赐给吴国，天意不可违。"

文种灰溜溜地回到会稽山。

"看来败局已定。"勾践下定决心，打算杀死妻儿，烧掉财宝，决一死战。

文种说道："大王且稍等。吴国那边还有个小缺口，我试试看能否打通。"

吴国太宰伯嚭和伍子胥一样，都是从楚国逃亡过来的，据说是个贪财之人。也许他是因为已经实现向楚国报仇雪恨的夙愿，因而丧失了志向，所以才开始拼命敛财吧。

"我试试收买伯嚭，总之尽力而为。"

文种带着美女和财宝偷偷去拜访伯嚭，请求再次拜见吴王。

吴王再次接见文种时，伯嚭在旁帮忙求情道："越王已经俯首称臣，如果不答应，只怕他要焚烧财宝，和我们决一死战。这样的话，我们也会遭受损失。不如就答应其请求如何？"

伍子胥谏道："今天如果不消灭越国，他日必将后悔。勾践是贤明的国君，何况还有文种、范蠡等良臣辅佐！"

大家都紧张地看着吴王夫差。夫差眯缝着眼睛道："那就赦免他们吧。"

其实，夫差老早就看伍子胥不顺眼了。之前他听说伍子胥掘墓鞭尸之事时，就十分反感："这楚国人简直是疯子！"他认为，吴国人更理智。尽管为了给父亲报仇雪恨，夫差也学了楚国人的坚忍，但楚国人掘墓鞭尸的狠劲，他是学不来的。夫差心想，现在正是展示吴国文明高度发达的时候。诚如阖闾曾说过的那样，吴国人似乎比较心软。夫差最终对越王产生了怜悯之情。

生在乱世，这种人情味是不可取的。

越王勾践被放回国后，当即发誓要报仇雪恨。他在屋里挂了一只苦胆，每天行住坐卧或用餐时，都要舔一下。很苦，苦得舌头发麻。每次舔时，他都会斥责自己："难道你忘了会稽之耻吗？"

这就是"卧薪尝胆"。

据说，为了让自己不忘前耻而"尝胆"的是越王勾践，而"卧薪"者则另有其人——正是吴王夫差。《史记》只记载了勾践"尝胆"，并没有记载夫差"卧薪"之事。

勾践亲自耕作，并让自己的夫人亲手织布，不吃鱼肉，着装简朴，礼贤下士，厚待宾客，救济穷人，悼慰死者，和老百姓同甘共苦。越国渐渐走上了富国强兵的道路。但勾践仍然对吴国表现得无比恭顺，常年纳贡，也曾亲自带领家臣去拜访吴国的都城。

有些书上还说，越国名臣范蠡将美女西施献给吴王，以消磨他的意志。但《史记》并没记载此事。当然，吴王夫差并没有消磨意志，而是不断向外出兵远征。齐景公死后，他立刻北伐，大破齐军，并顺势占领了鲁国南部。

每次出征，伍子胥都向吴王进谏："比起北方，更需提防南方的越国。"吴王因此而对他越发讨厌：你是想让我和越国打着玩儿吗？你这个楚国的乡巴佬，怎么会知道我的志向！他志在中原，想要拥天子以令诸侯，即成为霸主。

吴国大臣伯嚭看出吴王厌恶伍子胥，便暗自思忖："如果把伍子胥拉下马，不仅可以讨得吴王欢心，自己的地位也会更加稳固。"于是他暗中向吴王进言："伍子胥生性冷酷，对父亲和兄长都见死不救。大王要提防此人。"

伍子胥受遣出使齐国。回国时，他将儿子托付给齐国的鲍氏。伯嚭趁机以此为口实大加诬陷："伍子胥之所以将自己儿子托付他国，恐怕是对吴国怀有异心吧！"

夫差决定处死伍子胥。

当时有"刑不上大夫"的规矩，如果大夫以上的官吏有罪，则赐予毒药或宝剑。吴王将"属镂宝剑"赐予伍子胥——意思是让他用这把剑自杀。

伍子胥对吴王的使者说道："请务必在我坟上种梓树，他日用这树木为吴王做棺材！还有，请把我的眼睛挖出来，悬挂于吴国东门上——我要亲眼看到越国灭掉吴国。"说完即自刎而死。

得知这消息后，勾践问范蠡："伍子胥已死。吴王手下全是溜须拍马之辈。现在是时候攻打吴国了吧？"

"还没到时候。"范蠡回答。

即位十四年（公元前482年），吴王夫差从志得意满的顶峰一下子掉入了深渊。这一年，他率领精兵前往河南省的黄池，与各路诸侯会盟。称霸中原，是他的生平夙愿。他要和晋定公争夺盟主之位。然而此时，后方却传来噩耗：越军攻入吴国，俘虏了太子友！

范蠡终于告诉越王勾践：报仇雪耻的时机来了。

吴王夫差领兵回国。但由于连年征战，军士疲惫不堪，这次轮到吴王向越王献上财宝求和了。

越国日益强盛，而吴国却大势已去。

吴越议和后的第五年，越国再次出动大军攻打吴国。吴国已经在连年北伐中损兵折将，士气非常低落。被越军围困国都三年后，吴王夫差屈服了。他派公孙雄前往越国军营求和——就像越王曾经派文种来向吴王求和一样。

公孙雄声泪俱下地哀求着，还提起了十多年前的会稽山之事。

越王勾践动了恻隐之心，范蠡却在旁大声说道："上一次，老天把越国赏赐给吴国，吴国却不肯收下，所以受到了天谴。如今，老天把吴国赏赐给越国，如果不收下的话，只怕也会遭受天谴呢！"

勾践看了一眼公孙雄，说道："但他实在是太可怜了……"越国人和吴国人一样，都比较心软。

范蠡却不为所动，击鼓进军。公孙雄哭着离去了。勾践仍觉得不忍心，派人转告夫差："我让你到甬东[1]去当个百户长吧。"

但夫差拒绝了。他说："我已年老，不能侍奉你了。"他志在称霸中原，心高气傲，不愿忍辱偷生，选择了死亡。自杀前，他掩面说道："我有何面目去见伍子胥啊！"

后来，范蠡离开了越国。他从齐国寄了一封信给从前的同僚文种，其中一段为：

---

[1] 甬东：舟山列岛。

【陈说】

　　吴、越之争就像小说，因为太小说化了，想来是后人改编的故事，但尽管有改编、添加，基本骨架是不会变的。这种现象可以解释为，在漫长的历史长河中，流传着各种改编过的故事，其中包含了各个时代的人们的愿望。

　　各个朝代的人们都分享着这个故事。识字者不用说，即便是不识字者，亦通过戏曲、评书等形式得以了解此故事。并且，人们将此作为历史进行评说。

——陈舜臣《中国的历史·第一卷·南风骤起》

飞鸟尽，良弓藏；狡兔死，走狗烹。事成之后，功臣们的命运莫不如此。越王颈长而嘴尖如鸟喙[1]，这种人只可共患难，而不能同享福……

在书信结尾，范蠡劝道："子何不去？"

后来，勾践果然赐剑给文种，说："你教给我攻打吴国的七条计策，我只用其中三条就打败了吴国。还剩四条用不上了，你去先王那里试用吧……"勾践的父亲早已不在人世，让文种去见先王，即赐死之意。

---

[1] 嘴尖如鸟喙：形容人的相貌阴险狠毒。

功成身退的商圣之道

还反国，范蠡以为大名之下，难以久居，且勾践为人可与同患，难与处安，为书词勾践曰：

「臣闻主忧臣劳，主辱臣死。昔者君王辱于会稽，所以不死，为此事也。今既以雪耻，臣请从会稽之诛。」

勾践曰：「孤将与子分国而有之。不然，将加诛于子。」

范蠡曰：「君行令，臣行意。」

乃装其轻宝珠玉，自与其私徒属乘舟浮海以行，终不反。

人要懂得急流勇退，这很重要。

范蠡就是一个全身而退的成功范例。当越王勾践灭掉吴国、势力达到顶峰时，这位第一功臣毅然选择了离开。关于范蠡当时的心境，《史记》是这么记载的："范蠡以为大名之下，难以久居。"[1]

勾践灭掉吴国时，以不忠为由杀掉了吴国大臣伯嚭。前文已经说过，勾践被吴军围困于会稽山而走投无路时，收买了伯嚭才渡过难关。而且，也是伯嚭谗言诬陷，才除掉了伍子胥。从结果来看，伯嚭对越国功不可没。可以说，伯嚭是吴国政权核心中的"亲越派"。借用日俄战争时期的一个词，他就是一个"越探"[2]。当然，勾践杀伯嚭的原因也不难理解。无论他如何在暗中帮助过越国，对于吴国来说，他就是不忠。

伯嚭之死，给乱世中的人们发出了警示：说不定什么时候就莫名其妙地被杀了。

范蠡写了一封信向勾践辞行："常言道，主公受辱则为臣该死，从前大王在会稽山受辱，当时我没死是为了报仇雪耻。现在，既然已经雪耻，还请大王以会稽山未死之罪处死下臣。"

---

[1] 大名之下，难以久居：在显赫的名声下，难以保持长久。

[2] 越探：日俄战争发生于 1904—1905 年，日语里称俄国为"露西亚"，所以当时把俄国的军事侦探称为"露探"。"越探"正是借用了"露探"一词。

勾践回复："我想和你平分越国，分而治之。如果你不答应，我就以违反命令之罪处死你。"

范蠡回信道："君行令，臣行意。"意思是：国君可以任意执行命令，臣子也可按自己的意志率性而行。

于是，范蠡逃出了越国。他把财产置换成轻便的珠宝，装载到船上，从海路来到齐国。当时的齐国大致位于现在的山东半岛一带，国都是临淄。而后范蠡改名为"鸱夷子皮[1]"，在海边耕作，成了大财主。

当时齐国的国君齐平公想邀范蠡出任宰相。

范蠡叹道："久受尊名，不祥。"这和他离开越国时所说的"大名之下，难以久居"一个意思。他把积蓄的财产分给好友和乡亲，然后离开了齐国。

之后，范蠡到了陶地——大概位于今天的平阳县，从山东省济南市沿黄河上溯约六七十公里。当时，陶地是天下的商贸中心。他很快就获得了巨额财富。《史记》里记载了他的经验之谈："候时转物，逐什一之利。"意思是：看准时机买进卖出，获取十分之一的利润，逐渐积少成多。

于是，范蠡再次改名，自称"陶朱公"。在中国，"陶朱"和

---

[1] 鸱夷子皮：指古代牛皮做的酒器，"酒囊皮子"的意思。

【陈说】

后人总是把烈焰般燃烧至熄灭的伍子胥和明哲保身的范蠡进行比较。范蠡深谙处事之道、得以尽享天年，且最终成了大富豪，因此深受众人景仰。这归功于通过改编而塑造出了一个三次都大获成功的人物。不过也有人认为，伍子胥燃烧自我直至熄灭，亦有难以言说的魅力。

——陈舜臣《中国的历史·第一卷·南风骤起》

以制盐致富的山西省商人"猗顿"齐名，"陶朱猗顿之富"是为"大财主"的代名词。

有一次，范蠡的次子外出经商，在楚国杀了人，被抓了起来。

范蠡心想："杀人者偿命，估计难逃一死。但俗话说：'千金之子，不死于市。'还是得想办法救他。"

当时，死囚犯会被押送到人来人往的闹市中行刑示众，但据说大财主的儿子可以不用这种死法。所以范蠡打算出钱救儿子一命。他把黄金千镒装上牛车，让末子去楚国打点关系。

一镒为二十四两，一两为十六克，千镒就相当于三百八十四千克。那时的黄金产量远不如现在，可见千镒黄金是非常了不得的。

正要出发时，长子却反对："家有长子称为'家督'，现在有事要办，却派小弟去，无视我这个长子，莫非是因为我不肖？"

他一时愤怒，扬言不让自己去就要自杀。

　　无奈之下，范蠡只得让他去。临行前，范蠡取出一封信，叮嘱道：
"到楚国都城后，把这封信和这些黄金交给一个叫庄生的人，一切
由他去办。你千万不可生事。"

　　长子立功心切，希望把事情办成，以博得"不愧是陶朱公之后"
的赞誉。于是，除了父亲托付的黄金千镒之外，他还偷偷带了几百
镒黄金。他依言来到庄生住处。

　　房子十分破旧。庄生看过书信，说道："好的，我知道了。你
赶快回去吧，不可在此处逗留。救出你弟弟后，也不要问为什么。"

　　长子却心生不满："就这么回去的话，岂不是跟小孩子跑腿似
的？"而且，这庄生看起来穷困潦倒，一点儿也靠不住。父亲恐怕
是看走眼了，这位大叔并不像有能耐的样子，还是自己想办法吧。
于是，他继续留在楚国都城，用私带的几百镒黄金买通了楚国高官，
打算另找门路。

　　实际上，庄生深得楚王信任。他本没有收取这千镒黄金之意。
他吩咐妻子："这些黄金暂且放着，以示我受托于人。千万不要用。
万一我有什么不测，你就把它还给陶朱公。"

　　几天后，庄生见到楚王，说某星宿运行到某个位置，对楚国不利。

　　楚王一向深信庄生的占星术，便探身问道："这可不妙。那要
怎么化解呢？"

　　"只能靠大王广施恩德，才能化凶为吉。"

"好的。那就按你说的办吧。"

所谓"广施恩德"，就是说要怜惜百姓，具体而言，就是颁布大赦令。

楚王先令人封存府库，这是惯例，以防有人趁着大赦之际劫取府库里的金银。大家一看见封存府库，就知道大赦将近。

那位被买通的高官说："马上就要颁布大赦令，你弟弟有救啦。"

范蠡的长子听到这个消息，顿时觉得那千镒黄金白给庄生真是太可惜了。于是，他厚着脸皮来到庄生家里，说道："既然天下大赦，那我弟弟自然也就得救了，所以我来向您辞行。"他在"自然"一词上特别加重了语气，言外之意是：不用你出力就解决了，那千镒黄金花得真冤枉。

庄生看透了他的心思，愤然说道："那些黄金就放在隔壁房间，原封没动，你自己拿回去吧。"

范蠡的长子非常高兴，弟弟救出来了，父亲交给他的黄金也分文未用。

庄生却怒上心头："让你立刻回去又不听，不相信我，还在楚国都城到处晃悠。这大赦令明明是我努力争取到的，你不了解，还瞎说什么'自然'。我绝不善罢甘休！"他立即求见楚王，又道："我刚才在半路上听到大家议论说，陶朱公为救自己儿子的性命，用黄金贿赂了大王的侍从，可见这次大赦是为了有钱人，而不是为平民百姓呀！"

楚王大怒："那就先把那什么陶朱公的儿子杀掉，然后再颁布大赦令，好让那些说闲话的家伙知道我的仁德！"

最后，范蠡的长子只能带着弟弟的遗体回去了。全家人都沉浸在悲伤之中。

范蠡落寞地苦笑道："我早就知道会变成这样……"他起初让末子去，自然有他的理由——末子是在陶地发迹后才出生的，从不懂得钱财之宝贵；而长子则生于颠沛流离的途中，亲眼见过父亲辛劳，自己也一同吃过苦，所以深知钱财来之不易。要搭救一个犯了死罪的人，就不能吝惜钱财。所以，不知道钱财可贵、习惯了挥金如土的末子更适合担当此任。

那位身居陋室却能令楚王言听计从的庄生，究竟是何许人也？

有人认为，他就是和老子齐名的庄子。

庄子出生年不详，但据《史记·老子韩非列传》记载，他和梁惠王同时代。梁惠王元年是公元前 370 年，而越国灭吴国时正值周元王三年，即公元前 473 年——相差了一百多年。

这个故事也许只是范蠡子孙后代的杜撰。

出仕而为将相，归隐则成富翁。也许，范蠡的理想形象，是古人描述和加工而成的。其实，他本来就是个谜团重重的人物，关于其出生地就众说纷纭——有说是吴人，有说是徐人，而《吴越春秋》则说他是南阳人。成书于《史记》之前、由盲人左丘明撰写的《国语》则记载，范蠡离开越国后，"莫知其所终极"[1]。而《春秋左传》里却连范蠡的名字都没出现。

至于伯嚭被越王勾践杀掉一事，也许只是后世之人认为"奸臣罪不可恕"而杜撰出来的吧。因为根据《春秋左传》记载，伯嚭并没被杀，后来还作为越国高官出场了。

史实如何另当别论。《史记》里说越王杀掉伯嚭，确实在一定程度上反映了后世人的愿望。而范蠡明知儿子杀人有罪，却仍设法周旋搭救，这种人情味儿，也是理想人物的修养之一。

---

[1] 莫知其所终极：没人知道他最后的结局。

战国『愤青』的悲剧人生

屈原至于江滨，被发行吟泽畔。颜色憔悴，形容枯槁。

渔父见而问之曰：『子非三闾大夫欤？何故而至此？』

屈原曰：『举世混浊而我独清，众人皆醉而我独醒，是以见放。』渔父曰：『夫圣人者，不凝滞于物而能与世推移。举世混浊，何不随其流而扬其波？众人皆醉，何不餔其糟而啜其醨？何故怀瑾握瑜而自令见放为？』

——《史记卷八十四·屈原贾生列传第二十四》

　　中日战争期间，流行着这样一条俗语："若要中华灭亡，除非湖南人死绝。"

　　位于长江中游、以洞庭湖为中心的湖南、湖北一带被称为"楚"。据说楚国人是被周灭掉的殷国的子孙后代。《史记》记载："其俗剽轻，易发怒。"意思是楚国人生性勇猛、脾气暴躁，很难对付。近来还有个分不清褒贬的词，叫作"湖南骡子"——用目不斜视、埋头工作的骡子比喻楚国人顽固不化、只认死理的性格。

　　近代，楚地是革命家辈出的摇篮。清末，1898 年发起的戊戌政变因为袁世凯叛变而失败时，主导者康有为、梁启超等人立即逃往国外。有人劝谭嗣同去日本公使馆避难。当时要走也还来得及，但谭嗣同却说：革命需要流血牺牲，就从我开始吧。说罢，他从容就义。这位谭嗣同正是湖南人，即楚人。

　　各位读者还记得楚国人伍子胥为报父仇而掘墓鞭尸的狠劲儿吧？

　　吴王夫差不听伍子胥劝谏，最终落得被越王勾践灭国的下场。此时，北方中原地区也发生了很大的变化。

　　吴国灭亡二十年后，在重耳领导下成为霸主的晋国分裂成了韩、赵、魏三国。一般而言，晋国分裂之前称为"春秋"，分裂之后称为"战国"。

　　今天，我们都在说"大一统中国"。其实，自从周王室东迁之后，中国经历了五百多年的分裂时期。

悲哉，春秋战国！

或者，我们可以换一种思路：何为"中国"？

如果以文明发展地区的概念来定义，春秋战国时期，中国并没有分裂，而是随着文明圈的扩大而扩张。当文明圈只限于黄河中游一带时，是统一于天子之下的。但随着历史的演进，吴国、越国、楚国等整个长江流域都并入了中国文明圈，而"大一统"的观念则延续了下来。如果不是天才式的人物依靠强大的组织励精图治，是不可能把这么大的中国统一在一起的。

春秋战国时期，特别是后半期，为了统一中国，如何网罗更多的优秀人才、如何构建更强大的组织，时代需求十分迫切，"诸子百家"应运而生。实现统一中国的理想，需要众多睿智博学的思想家以及像秦始皇这样的天才统治者，并且用了五百多年的时间。

春秋时期，有些小国还能苟延残喘，但到了实力至上的战国时期，就很难生存下去了，最终形成了"战国七雄"的格局。

晋国分裂而成的韩、赵、魏三国在中原互相对抗，导致元气大伤；齐国是大国，但背面靠海，没有发展空间；以今天的北京为中心的燕国，则受到北方蛮族和南边中原诸侯的夹击，成为战国七雄中最弱的国家。经过大浪淘沙之后，这五国逐渐衰落，只剩下秦国和楚国。

这两个国家实行富国强兵的政策，在地理上各有优势——秦国在西北、楚国在南方拥有大片尚未开发的土地。而且，秦、楚两地民风彪悍。清末时期，曾国藩凭借由当地志愿兵组成的湘军，也就是所谓的"楚人"，才勉强和太平天国军对抗；在鸦片战争中，清军节节败退，最后出动的王牌军队就是甘肃等地的西北军，即为"秦人"，可惜还没开战，清朝就向英军屈服了。两千年前，秦国和楚国的军队就十分强大。最后的最后，是秦国为战国时期画上了句号。

关于秦国夺取天下后文再叙，我们先来讲楚国争霸失利的故事。

楚国灭吴后过了一百五十年，游说家孟子就活跃在这个时期。后来楚国因争霸失败而灭亡。当时，出现了一个集亡国的悲哀和怨恨于一身的人物——屈原。

对于中国人来说，每当国家陷于危难时，一定会想起这个人物。他满怀忧国之情，披发行吟，最后绝望地跳进汨罗江。人们借屈原的这种无尽的哀怨，用作奋起反抗的精神食粮。中日战争初期，郭沫若的话剧剧作《屈原》曾在重庆公演。

屈原，名平，楚怀王时期任左徒——"左徒"是楚国官职名，大概相当于枢密顾问官。

当时，担任上官大夫之职的靳尚和屈原地位相当，两人是死对头。俗话说"一山不容二虎"，靳尚想除掉屈原，除了权势之争，还有其他原因——屈原为人正直，而靳尚则善于行贿受贿，并通过楚怀王的宠妃郑袖和后宫勾结在一起。

朝中有屈原这样铁面无私的人，靳尚自然觉得束手束脚。于是他向楚怀王进谗言道："大王让屈原制定法令，所以屈原常以此居功自傲，而且还吹嘘说：如果自己不在，这个国家就会陷入困境。"

楚怀王闻言大怒，逐渐疏远了屈原。

屈原最讨厌歪门邪道。被赶出宫后，他满怀忧愤地写下长篇抒情诗《离骚》。该诗与屈原的其他风格类似的作品一并收入了诗歌集《楚辞》。两千多年来，这部经典深深地震撼着中国人的灵魂。《楚辞》艰涩难懂，所以出现了许多相关的注解书。田中首相[1]出访中国时收到毛主席赠送的《楚辞集注》就是其中的一种——湖南湘潭出身的毛主席当然也算是楚人。

言归正传。

【陈说】

对屈原这篇代表作的题目"离骚"有两种看法。第一种认为"离"是"罹"，得病遭灾的意思，"骚"是"忧"，所以是抒发忧怀的作品。持此种观点者主要为东汉的班固等。第二种认为"离"是"离别"，所以题目意为"离别之忧愁"。持此种观点者主要为东汉的王逸。第一种观点更有说服力。

——陈舜臣《中国的历史·第二卷·乱世末日》

---

[1]　田中首相：日本首相田中角荣，1972年曾为恢复中日邦交而访问中国。

屈原被赶出宫后，靳尚随心所欲地操纵了楚国的政权。

当时，各国正推行合纵连横的策略。战国七雄之中，秦国已经成为超级大国。其余六国联合起来共同抵抗秦国，就是"合纵"。而"连横"是指秦国分别拉拢其余六国结盟，以平定天下。合纵的目的在于联合许多弱国抵抗一个强国，以防止强国的兼并。连横的目的在于侍奉一个强国以为靠山从而进攻另外一些弱国，以达到兼并和扩展土地的目的。

采取合纵之策时，必然以楚国为首，因为能夺取天下的，非秦即楚。只不过，秦国能以一己之力夺得天下，而楚国必须联合其他国家才有可能。

对于秦国来说，要打败楚国这个强敌，首选策略就是不让它和其他国家结盟。时任秦国宰相的张仪是个绝代权谋家。

秦惠王想攻打齐国，又忌惮齐楚已结为同盟，于是就派以张仪为首的使节团前往楚国都城，设法破坏齐楚同盟关系。

张仪面见楚怀王，振振有词地说道："如果贵国封锁边境、断绝与齐国往来，那么秦国愿意献出商於六百里地和秦王之女，和贵国永世结为同盟。"——商於位于河南省淅川县以西。

大约二十年前，楚国在战斗中杀死越王无疆，灭掉越国，把广阔的吴越之地尽收手里。然而，人的欲望是没有止境的。楚怀王被欲望冲昏了头脑，加上亲秦派大臣靳尚做了许多幕后工作，最终，楚国封锁边境，断绝了和齐国的往来。

屈原遭楚怀王疏远后，被派往齐国当大使。所以，在楚国朝廷中反对与齐国断交的，就只剩下陈轸一人。

楚国派出使者，按约定前去领取那商於六百里地时，张仪却谎称从马车上掉下来摔伤了，一连三个月都不露面。

楚怀王十分焦急，心想："我们已经封闭了通往齐国的关口，秦国莫非嫌这样的断交还不够彻底？"于是他又派出不怕死的勇士前往宋国，借到宋符去齐国辱骂齐王。

齐王大怒，撕毁了齐楚盟约——这不只是互不往来，而是反目成仇了。齐楚同盟就此宣告破裂。

楚国以为这样就能得到六百里地，但天下哪有这样的好事呢？

面对楚国使者，张仪装作一脸糊涂："什么？六百里地？你在开玩笑吧？我确实说过要献上自家的六里地作为答谢，怎么会变成六百里呢？想想也知道不合常理嘛。"——后来，如果觉得对方许诺的优厚条件可疑时，就会说："这恐怕只是商於六百里吧？"这就是张仪欺楚的典故。

听使者回报后，楚怀王大怒："张仪这厮竟敢骗我！"他派将军屈匄出兵攻打秦国。

秦军在丹阳、淅川迎击楚军，杀敌八万，大获全胜。这是楚怀王十七年（公元前 312 年）的事。

为了一雪前耻，楚怀王调集全国兵力攻打秦国，不料却被魏国乘虚而入，只得慌忙退兵回防。本来，在这种紧急形势下，可以向曾经的盟友齐国求援，但如今齐楚已经交恶，撕毁了盟约，当然也就求助无门了。

第二年，秦国提议把在这次战争中占领的土地还给楚国。秦国是着眼于大局而做出这个决断的。

楚怀王虽然贪婪，但毕竟是个楚人，具有楚人的刚烈。他气势汹汹地说道："我不要什么土地！我只想抓住张仪这厮，好报仇雪耻。"

听使者回报后，秦惠王问张仪："怎么办呢？把你交给楚国的话，你一定会被五马分尸的……还是不去了吧。"

张仪却摇摇头，答道："没事，让我去吧。秦强楚弱，而且，楚国大臣靳尚和我亲如兄弟，他和楚王的宠妃郑袖关系密切。嘿嘿，楚国已经没有硬汉子啦。那个烦人的屈原正出使齐国。我有多种应对方案，大王不必担心。"

据《史记》记载：屈原"使于齐，顾反……"

"顾反"即返回之意。出使齐国的屈原回到了楚国。

《史记》叙述简洁，有时甚至过于简洁而导致意思费解。

齐楚既然已经断交，那屈原为什么又出使齐国呢？说起来确实颇为蹊跷。大概只能解释为：楚国发现上了秦国的当，又急忙派屈原到齐国去修复同盟关系吧。虽然有些一厢情愿，但在战国时期，这种事很常见。屈原属于"亲齐派"，让他出使齐国修复关系也是顺理成章。

联合以齐国为首的各路诸侯对抗秦国这个超级大国——这是亲齐"合纵"派的主张。换种说法，就是"抵抗派"。楚国受到秦国耍弄后，对秦国的抵抗意识当然也日渐高涨。但在楚国上层，得势的仍然是根深蒂固的"亲秦派"。腐败的上层阶级主张投降，而不愿抵抗——这和秦国长年以来的暗中收买也有关系。

再说楚怀王盛怒之下，咬牙切齿地说不要领土，只要张仪。所以，张仪前往楚国，当然要做好被千刀万剐的准备。但张仪却满怀信心——足智多谋的他已经做好了万无一失的准备。

亲秦派的靳尚在楚怀王面前为张仪求情："如果杀掉张仪的话，一定会惹怒秦王。天下诸侯知道秦楚不和，就会轻视楚国。还

【陈说】

是否真有此种略显艳情的小说般的场面令人怀疑。张仪获释实有其事，且楚怀王溺爱女人，因此后人极有可能据此编造出有趣的故事。

张仪获释，应该是靳尚等亲秦派极力劝说怀王的结果。

——陈舜臣《中国的历史·第二卷·蜀和楚》

请大王饶恕张仪。"

当时，楚怀王对宠妃郑袖百依百顺。所以靳尚在私下悄悄告诉郑袖："张仪是秦王宠信的大臣，秦王应该会提出交换条件以救张仪之命。据说，秦王打算把能歌善舞的绝世美女献给我们国君。这样一来，你的地位又如何保住呢？"

郑袖已经到了皱纹渐长的年纪。虽然仍深得楚王宠爱，但她知道这仅仅是因为美貌之故。如果出现一个更漂亮的女人，会有什么后果呢？郑袖并不愚笨。她浑身发抖。不如趁秦王提出交换条件之前把张仪放了吧，这才是消除威胁的上策。于是，她恳求楚怀王释放张仪。

当然，其他亲秦派人士也不断在旁求情。楚怀王终于放了张仪。

前文说到屈原从齐国回来，就是在这个时候。一见到楚怀王，屈原忍不住大声问道："为什么不杀掉张仪呢？八万楚国子弟战死沙场，就是给他害的呀！"

听了这话，楚怀王又回想起丹阳、蓝田之战的惨败，心中不禁感到懊悔。他命令手下追捕张仪，但为时已晚。张仪被释放后，得知屈原即将回国，立即驱车奔往秦国边境，一刻也不敢停留。

楚怀王经常摇摆不定，这或许是当时楚国所处的复杂的局势造成的。然而，身为一国之君，对于仇敌先抓后放，接着又派兵追捕，缺乏一贯的方针，无怪朝廷会分裂成两派。

张仪被楚国释放的当年，秦惠王去世，秦武王继位。

张仪被逐出秦国，逃往魏国。

翌年，即楚怀王二十年（公元前309年），齐国向楚国提议结盟，楚国同意了。这是屈原等人力谏的成果。

然而，楚怀王二十四年，楚国又撕毁了与齐国的盟约，改为和秦国结盟。这是因为，前一年秦武王去世，秦昭王继位后，致力于促进秦楚之间的和睦，并毫不吝惜地出钱打通关系。于是，楚国宫廷中根深蒂固的亲秦分子们也趁机改变外交策略。

楚怀王二十五年，楚怀王赴黄棘与秦昭王会盟。作为回礼，秦昭王把上庸归还楚国。

秦国以统一天下为目标，逐渐走上富国强兵之路，但暂时还没有信心与其余六国同时为敌。秦国之所以和楚国结盟，也是为了消除来自南方的威胁，为将来东征做好部署。外交策略左右着一个国家的命运，必须慎重。

亲齐派的屈原在齐楚同盟时期受重用，在秦楚同盟时期遭弃用。虽然在《史记》里并没有明确记载，但也不难想象。

秦楚结盟，就等于背叛了齐国。齐国并没有坐视不管，而是拉拢韩、魏两国，组成三国联军，攻打楚国。楚国当然向秦国求援。秦国同意派出援军，但附有条件——楚国必须把太子送到秦国当人质。见秦国出兵，三国联军就撤退了。

但这时却发生了另一事件——在秦国都城当人质的楚国太子杀死秦国大臣，然后逃跑了！秦楚同盟随即破裂。

楚怀王二十八年，秦国加入齐、魏、韩联军，四国一起攻打楚国。楚国大败，被占领了东边领土重丘，大将唐眜也战死沙场。

次年，秦国再次攻打楚国，杀死大将景缺，消灭了两万楚国将士。楚国的亲秦派和亲齐派此时都主张"同盟论"，即联合一国以抵御另一国。然而，在现实中却屡屡发生纠纷，最终和秦国、齐国都闹翻了。

楚国陷入了孤立无援的局面。

无奈之下，楚怀王只得再次把太子送到齐国当人质，向齐国求和。齐楚友好历史悠久，在屈原等人的努力下，和谈进展顺利。

楚怀王三十年，秦国单独伐楚，攻占了八座城池。秦昭王给楚怀王送去一封亲笔信，内容大致为——

你我曾在黄棘会盟，结为兄弟。你家太子在我这里当人质，两国和睦相处，对双方来说都是可喜之事。然而，你家太子竟杀死我的大臣，没有一句道歉就逃之夭夭，实在令人遗憾。所以我才愤然出兵，侵占楚国边境。听说你家太子已经送去齐国当人质了，也就是说，秦楚纷争的问题点已经解决了。如果天下最强盛的秦国和楚国的关系从此恶化，就无法号令诸侯。所以，我想约你在武关会面并结盟。你意下如何？

收到秦昭王的书信后，楚国宫廷上下展开了激烈争论。去的话，可能会受骗；不去的话，又担心惹怒秦昭王。

"真让人发愁啊！"楚怀王抱头沉思。

当然，屈原第一个跳出来反对秦楚联盟。他力劝道："秦国恶如狼虎，不能轻信。千万不可去赴约。"

根据《史记·屈原贾生列传》记载，这话出自屈原之口。但《史记·楚世家》却记载为昭睢所说。由此可见，抵抗派大臣一定是纷纷站出来说话，历数秦国的一贯伎俩，斥其为"狼虎"，不能轻信。

楚怀王原本就是个优柔寡断之人，及至年老，更是日渐消极——和齐国这等二流国家联盟对抗秦国的精兵强将，实在是吃不消。所以，他特别希望和秦国建立友好关系，即便为此接受一些屈辱的条件。

亲秦派的代表——楚怀王的末子子兰力劝父王前往："如果现在拒绝了秦国的提议，显然会导致秦楚关系恶化。就目前的形势而言，这封书信正好给我们台阶下啊。无论如何，父王这次一定要去。"

于是，楚怀王决定前往赴约，就这样落入了圈套。

一个人如果足够强大，往往就会耍横——也许这就是实力的表现吧。如果缺乏实力，想横也横不起来。战国末期的秦国就是如此。

秦昭王邀请来楚怀王，等他一入武关就立刻断了后路。两王会面时各带了卫兵，发现中计时可以冲上去厮杀。但定睛一看，进入武关的其实只是秦昭王的替身。

"上当了！"楚怀王咬牙切齿，后悔没听屈原的劝告，但为时已晚。

秦昭王把楚怀王押送到秦都咸阳，要挟楚国割让领土，遭到楚怀王拒绝，于是就把他扣下了。

楚怀王成为阶下囚，楚国群龙无首，而本应代理执政的太子也在齐国当人质。楚国大臣昭雎奔赴齐国，谎称楚怀王已死，请求让太子回国。

于是，齐国宫廷上下就这个问题展开了讨论，一时意见纷纭。

齐王打起了如意算盘："楚国太子在我手中，不如就跟楚国讲条件，让他们用淮北的领土来换。"

齐国宰相摇头反对："不妥。如果给楚国出此难题，他们一定会另立新王的。这样的话，我们手里的人质就没用了，而且还会遭天下人唾弃，背上不义之骂名。"

其他大臣却反驳道："如果楚国抛弃太子而另立新王，我们就和新王谈条件——只要楚国把东边领土割让给齐国，我们可为你除掉太子这个政敌；如果不肯割让，我们就联合韩、赵、魏三国拥立太子为楚王，和你争夺王位。"

不得不说，这方案实在太贪婪自私。但若站在齐国的"国家利益"

来看，这却不失为一条妙计。

"国家利益"与"大义"之间，究竟如何取舍呢？齐王犹豫了好一会儿才打定主意："把太子送回楚国去吧！"

这一决断看似选择"大义"，其实也还是为了"国家利益"而考虑——现在卖个人情给太子，等他回到楚国成为国君后，应该会好好答谢齐国的。

楚国太子回到楚国，被立为国君，是为楚顷襄王。

这位新楚王即位后，就立刻派使者通报秦国："赖社稷神灵，国有王矣。"

这就等于告诉对方：被你们扣留的楚怀王已经不再是楚国国君，以后不能作为交易筹码啦。

秦国想借盟约之名耍横，结果却没占到便宜。秦昭王大怒，从武关发兵攻打楚国，杀敌五万，攻占十五座城池，取得大胜。

楚顷襄王刚即位就面临困境。

次年，被秦国扣留的楚怀王——应该称"前王"更准确吧——逃出秦国，打算回楚国。秦国一发现，立刻封锁了道路。楚怀王只得中途改道，投奔赵国。

当时，赵武灵王刚退位，由其儿子赵惠王执政。赵惠王担心收留楚怀王会惹怒秦国，于是拒绝让他入境。

楚怀王吃了闭门羹，无奈之下，只得去投奔魏国。但途中被秦

【陈说】

文学家屈原留下了优秀的诗篇，他在作品中进行自我辩护，仇敌上官大夫靳尚自然是"坏人"。靳尚的自我辩护没有文字流传。《史记》的记载也是以屈原的作品为基础的。此时，我们似乎应该想想上官大夫是如何自我辩护的。

屈原的亲齐主张未被采纳，楚国采用亲秦政策，结果被秦所灭。倘若联齐抗秦，结果会如何，我们不得而知，甚至也不知齐是否愿意和楚联盟。唯一清楚的是，亲秦政策彻底失败了。

屈原精通古今治乱之术，他应该是看清了秦国冷酷无情的马基雅维利主义，因而认为全力抗秦才是

国的追兵抓住，又押送回秦国。

楚顷襄王三年（公元前296年），悲惨的楚怀王在秦国病死，遗体被送回了楚国。楚国人对楚怀王的不幸遭遇深感同情，就像哀悼自己的亲人一样。

三年后，秦国派名将白起攻打韩国，杀敌二十四万，取得大胜。同时，写信给楚王："秦国遭到楚国背叛，所以将率各路诸侯讨伐楚国，一决胜负。还请楚王好好整顿士兵，让我们痛痛快快地大战一场。"这显然是在恐吓。

楚顷襄王很害怕，希望和秦国讲和。于是就采取各种方法讨好秦国，例如从秦国迎娶新妇以促成秦楚联姻等。

楚顷襄王即位第十四年，和秦昭王在宛会面，缔结和约。次年，楚国联合秦国、三晋、燕国出兵攻打曾经的同盟国——齐国，夺取了一些领土。

在楚国宫廷里，亲秦派和抗秦派展开了激烈争论。结果，主张"大树底下好乘凉"

的亲秦派占了上风。

抵抗派首领屈原心中充满了愤怒。每当想到楚怀王的屈辱，他就觉得蛮横残暴的秦国不可饶恕。无论如何，必须要联合齐国等诸侯合力抵抗秦国，不仅是为楚国报仇，也是为了伸张天下大义。然而，现在楚国政权的基本方针却与此背道而驰，越来越倾向于亲秦。

屈原一定是言辞激烈地反对这个方针，而且一定斥责过各种各样的人。例如，楚怀王的末子子兰。当初，就是他不顾屈原等抵抗派的反对，力劝父王去会见秦王。楚顷襄王即位后，他当上了令尹，即宰相之职。

令尹子兰屡遭屈原痛骂后，心想："必须把他赶出宫廷去。"于是，他和上官大夫靳尚等亲秦派大臣联合发起了驱逐屈原的运动。他们不断进谗言诬陷屈原。

楚顷襄王终于听信了他们的话，下令流放屈原。之前屈原也曾经被撤职，但这次却是终身流放。

正确之道。但是，也不能说主张联秦者都是投降派、卖国贼，因为他们也认为自己的做法对楚国有利。

——陈舜臣《中国的历史·第二卷·蜀和楚》

屈原割断束发的带子，以此明志：从此不再做文明人！

他在长江和洞庭湖畔徘徊，颜色憔悴，形容枯槁，头发被风吹得乱飞。

行至长江岸边时，有个渔翁看见他，就问道："哎呀，这不是三闾大夫吗？为什么在这里呢？"

三闾大夫是掌管楚国"昭""屈""景"三姓王族事务的大臣。屈原曾任此职。

屈原答道："举世混浊而我独清，众人皆醉而我独醒。所以我才被流放到这里。"

渔翁皱起眉头说道："我听说，圣人能顺应时世而改变。既然举世混浊，你为什么不随波逐流呢？既然众人皆醉，你为什么不和大家一起喝呢？又何必怀抱美玉而落得被流放的下场呢？"

屈原答道："刚洗头之人一定要掸去帽子上的灰尘，刚入浴之人一定要抖落衣服上的尘土。谁愿意把脏衣服穿到洁净的身上呢？我宁愿跳进这河里葬身鱼腹，也不能让自己的清白受到玷污！"

屈原说完便离去，作《怀沙》，而后投身汨罗江。

所谓"怀沙"，意为怀抱沙石以自沉，但也有人认为是"怀念长沙"之意。汨罗离长沙很近。

以下摘录《怀沙》中的一节：

变白而为黑兮，

倒上以为下。

凤皇在笯兮，

鸡雉翔舞。

同糅玉石兮，

一概而相量。[1]

屈原对这样的世态深感绝望而选择了死。

《怀沙》以此句结尾："明以告君子兮，吾将以为类兮。"

"类"是"法则"，即"榜样"之意。

屈原想树立什么榜样呢？

有人认为：是"忠臣不事昏君"之榜样。侍奉昏庸的君主，对忠臣来说是件痛苦的事，可能会落得和屈原一样的下场。后世如果出现这样的忠臣，请以屈原为鉴，早日离开为上。

但也有不同的解释：将来国难当头之时，希望国人能回想起祖先曾有这样一位忠烈之士 —— 他坚定不移地主张抵抗，死而后已。

无论如何，屈原满怀怨恨而投江，他的冤魂应该会对世人——

---

[1] 此节意为：把白色变成黑色，把上颠倒为下；把凤凰关进笼子里，却让家鸡野雉飞翔起舞；把美玉和石头掺杂在一起，都用升斗来量。

特别是对在位者进行惩戒吧。

屈原去世一百年后，汉代文人贾生被贬至长沙。渡过湘水时，写了一篇辞赋投入江中，以此悼念屈原。

一般认为，屈原投身汨罗江大约是在公元前 296 年——楚顷襄王即位不久。但后来郭沫若却提出：屈原投江是在公元前 278 年秦将白起攻陷楚国都城之时。按郭沫若的说法，屈原是因为不忍心看见亡国而自杀的。

按民间传说，屈原死于农历五月初五。不知从何时开始，民间有了这样的习俗——在屈原忌日，人们把米放进竹筒，投入江水中，以告慰屈原的冤魂。据说这就是粽子的起源。

从长沙往武汉方向北上约七十公里处，有个汨罗站。汨罗江至今依旧流淌。

鬼谷先生的学生们

太史公曰：『三晋多权变之士，

夫言从衡强秦者大抵皆三晋之人也。

夫张仪之行事甚于苏秦，

然世恶苏秦者，以其先死，

而仪振暴其短以扶其说，

成其衡道。要之，此两人真倾危之士哉！』

——《史记卷七十·张仪列传第十》

洛阳东南边有个登封市，再往东南方向有个叫"鬼谷"的地方。战国时期，有个大学者在这里开私塾，被人们称为"鬼谷先生"。关于这位鬼谷先生不仅姓名和出生地不详，而且还有说他活了几百年的荒诞传说。

鬼谷先生门下的弟子遍布各地、风云一时。这些弟子进山之前都只是无名小卒，出山后个个大放异彩，其中以兵家与纵横家最有名。兵家的代表人物有白起和王翦，白起威震八方，王翦横扫六国，而纵横家中最为人所熟知的是苏秦、张仪这两位杰出人物。虽然不清楚先生在学堂上教些什么，但从这两位弟子的业绩来看，应该是主修智力训练、谋略、辩论术等科目吧。

战国是个任人唯贤的时代。为了在弱肉强食的竞争中存活下来，各诸侯国争相招揽人才。无论出身门第如何，只要才能出众，谁都有机会出人头地。但如果不表现出来的话，即使你有才能也不被人所知。为了推销自己，需要周游各国，这就是所谓的"游说"。

只有得到任用，才有用武之地。而四处流浪的游说之士，则无异于凄惶的丧家之犬。

据说，苏秦在流浪潦倒期间，曾遭嫂子冷眼，所以才发奋努力。

张仪在楚国宰相府中当门客时，曾被怀疑偷了家传玉璧，被鞭打至半死不活，然后赶出门外。

张仪的妻子叹道："唉，你要是没有读书游说，就不会落得这个下场了。"

张仪却张开嘴巴，问道："喂，你看看我的舌头还在不在？"

"当然在呀，鞭子又打不到你嘴巴里。"

"舌头还在就行，等着瞧吧！"

张仪对自己的三寸之舌非常自信。然而，当年一同求学时才华不如他的苏秦却先迎来了出头之日，在赵国受到重用。

战国七雄之中，秦国发展为超级大国，其次是楚国，而齐国紧随其后。曾经的霸主晋国分裂成韩、赵、魏三国，合称"三晋"，但没有重新再统一，沦为了中小国家。北方的燕国虽有地理优势，但也只是一个弱小国家而已。

苏秦提出"合纵"策略而受聘于赵国，成了重臣。但他也知道，若是秦国派大军来袭，用合纵之策也难以防御，自己下台是迟早之事。

"既然苏秦主张'合纵'，那我就提倡'连横'。"张仪打定主意，研究出了连横的方针、理论和具体策略，但一展身手的机会却迟迟没有到来。

某日，有人劝说张仪："何不去投奔你的同门师兄弟苏秦？"其实，这是苏秦暗中安排的。

张仪正苦于怀才不遇，于是就依言来到赵国，报上姓名，求见苏秦。但苏秦却故意怠慢他，终于出来接见时，态度也十分傲慢，让昔日同窗张仪坐在下座，并奚落道："你明明才华过人，却如此穷困潦倒，真是怪事。我现在要给你荣华富贵倒也不难，但你似乎不太够格呀！"

张仪大怒，离开了赵国。他心想："好吧，那我就去投奔秦王，把你打得落花流水。"他向西而行，来到秦国。但他两手空空——要宣扬自己的连横之策，需要有人引荐，否则根本见不到秦王。而要求人引荐，必须送上厚礼才行。

说来也巧，有个偶然同住驿馆的人和张仪交谈后，十分仰慕他的才华，愿意资助他："我这里有些黄金、布匹和车马，你拿去用吧。一定要做成一番事业啊！"

张仪为自己的幸运而欢呼雀跃。他相信，只要能见到秦王，则一切尽在掌握之中，自己一定能凭借三寸不烂之舌，口吐烈焰，融化对方的心扉。

果然，张仪受到了秦王的重用。先前资助他的那个人却忽然说准备回国了。

张仪说道："多亏了你的帮助，我才终于熬到出头之日。我正想好好答谢你呢，怎么这么快就要回国去呢？"

那人答道："这一切都是苏秦安排的——他故意羞辱你，让你振作起来，同时又暗中派我设法资助你。"

"哦……"张仪不由得感喟。

毕竟是同门师兄弟，张仪很快就明白了对方的心思——身处战国时期，随时可能有求于人，特别是从政者，为了保身，需要给自己多留几条后路。苏秦这一举措，应该含有这样的用意：他日若有事相求，还请多加关照。

于是张仪对那人说："你回去告诉苏秦，只要他在，我又怎敢妄谈伐赵呢？"这是他对苏秦的报答。

从表面上看，苏秦和张仪的合纵连横之策激烈交锋，火花四溅，但这两人在私底下却互相通气。因此，合纵和连横两种策略才得以保持均势，维持了十五年的和平局面。

苏秦作为合纵联盟首领，同时还兼任六国宰相，当然会在六国之间东奔西走。某日，途经故乡洛阳时，收到各国诸侯赠送的大量车马和财物，那队列仿佛帝王出行一般气派。就连周显王也为之恐惧，让人清扫通道，并特意派使臣迎接慰劳。苏秦的嫂子从前曾冷眼相待，而今也垂首低眉地端来饭菜。

苏秦问道："你从前那么傲慢，现在却变得如此恭敬，为什么呢？"

【陈说】

由于时代和地理位置的关系，有关苏秦的故事有诸多矛盾，因此有人甚至提出并无苏秦此人，倘若其事迹可信，那么他就是个超人了。

然世言苏秦多异，异时事有类之者皆附之苏秦。

司马迁的见解是正确的。如果秦国首先强大起来，其他六国必然会考虑结盟，为此奔走的绝不止苏秦一人。主张合纵者众多，且皆绞尽脑汁，不遗余力，将其所做之事全都加在苏秦一人身上，是因为苏秦是合纵论的代表人物。

——陈舜臣《中国的历史·第二卷·蜀和楚》

嫂子老实回答道："因为你现在地位高了，而且又有钱。"

"同样一个人，境况一变，竟连亲戚都幡然变脸——贫贱时轻视，富贵时敬畏。假如当初我在洛阳有点良田，也就知足了，又如何能成为六国宰相呢？"说完，苏秦取千两黄金赏赐给亲戚友人。从前他向人借百钱充当路费，现在则还以百金。苏秦出手如此阔绰，自然也引来猜忌。

关于苏秦和张仪的谋略和外交手段，在此不做赘述，我们来看看两人的结局吧。

秦惠王去世、秦武王继位后，张仪渐渐被疏远了。秦武王从太子时期起就讨厌张仪，群臣都知道这一点，所以经常说张仪的坏话。

张仪心想，如果继续待在秦国的话，性命堪忧。于是他向秦武王提议："对于秦国来说，当然最希望东边各国发生战乱。齐王特别憎恨我，我所到之处，他一定会出兵讨伐。所以，请让我到魏国去，齐国必然要出军攻打魏国。如果齐国和魏国反目成仇，秦国就能坐收渔翁之利。"

秦武王答应了。

就这样，张仪从秦国的险境中逃脱，投奔魏国，并当上了魏国宰相。

张仪一直离间、破坏六国的关系，尤其是齐、楚两国关系，齐王对他恨之入骨。因此，当齐王得知张仪到了魏国，果然出兵讨伐。

魏王很害怕。张仪却镇定自若地说:"我这就让齐国撤兵。"他派亲信冯喜去面见齐王。冯喜依言对齐王说道:"大王如此痛恨张仪,难道想让他立功吗?张仪在秦王面前夸口说要让齐、魏两国反目,以便秦国从中得利。现在,大王如果出兵攻打魏国,岂不是正中了张仪的圈套、让他立功成名吗?"

齐王听后就迅速撤兵了。

张仪当上魏国宰相一年后,死于魏国。这是魏哀王十年(公元前 309 年)的事。而苏秦早在八年前就去世了。

苏秦晚年在齐国被重用,遭齐国众大夫妒忌,因而派人行刺。但那刺客技术拙劣,并未当场刺死苏秦。临终前,苏秦躺在病床上,气喘吁吁地对前来探望的齐王说:"我死后,请将我在人口集中的菜市场车裂示众,然后张贴如下告示:'苏秦乃燕国奸细,在齐国图谋不轨,现其罪行败露,故处以极刑。'……这样,就能抓住行刺我的凶手。"

齐王依言行事。不久,那刺客果然来到

【陈说】

张仪这一生幸福吗?也许他自己觉得很充实而满足。但在旁观者看来,连自己平安地死去都要依靠权术计谋,不见得幸福的吧。

然,对比吴起、商鞅、苏秦的悲惨结局,张仪的寿终正寝使我们不由得松了一口气。

——陈舜臣《中国的历史·第二卷·蜀和楚》

官府，得意扬扬地说道："是我杀死燕国奸细苏秦的，请给我些奖赏吧……"当然，他立刻被抓住斩首了。

苏秦曾和燕易王之母私通，此外还多次为燕国破坏齐国，所以声名狼藉。但《史记》却断言："苏秦之所以名声不好，是因为比张仪先死。张仪到处说他坏话，暴露合纵策略的短处，通过贬低对方，来抬高自己的连横策略。实际上，这两人都同样是阴险狡诈之人。"

无论古今，作为一生之敌，似乎总是先死的一方算输。

苏秦、张仪两人死后，合纵连横的时代就结束了。秦国开始用武力统一天下，战国时期接近尾声。

奇货中的奇货

子楚，秦诸庶孽孙，质于诸侯，

车乘进用不饶，居处困，不得意。

吕不韦贾邯郸，见而怜之，曰：『此奇货可居』。

乃往见子楚，说曰：『吾能大子之门。』

子楚笑曰：『且自大君之门，而乃大吾门！』

吕不韦曰：『子不知也，吾门待子门而大。』

——《史记卷八十五·吕不韦列传第二十五》

　　一个人再有才华，如果不用，跟没有才华是一样的。之所以有才而无处施展，是因为不被世间所知。正如做好事如果不宣扬出来，就等于没做一样——吕不韦一贯信奉这个道理。

　　某日，他和一位来自燕国的客人说起这套理论，对方迟疑了一会儿，反问道："按你这么说，就算你很有钱，如果不拿出来用的话，就跟没钱一样喽？"

　　吕不韦有些猝不及防，答道："嗯，确实如此。"不过，那位客人自己却似乎没有意识到这是个犀利的问题。

　　为什么说这是个犀利的问题呢？其实，在此之前，吕不韦的思路一直停留在这个阶段——即使有钱，如果别人不知道，还是跟穷人一样。但受那位客人的启发，他豁然开朗，就像终于领悟到了自己的哲学真谛。他的眼前浮现出了埋藏在石屋和后院地底下的黄金，他仿佛听见那些闪闪发光的金块恳求道："快把我拿出来用呀！"

　　"好嘞，用就用！"

　　《史记》记载，吕不韦是阳翟的大商人。阳翟是从晋国分裂出来的三国之一——韩国的都城，在今河南省禹县一带。据《战国策》记载，吕不韦出生于濮阳——濮阳是卫国都城，今天河南省还有个同名城市，邻近山东省，距离阳翟很远。或许吕不韦出生于濮阳，然后在阳翟经商，并取得了成功。

　　和那位燕国客人会面后，吕不韦去赵国都城邯郸经商。从前他只在乎名声，不过现在，他开始大手大脚地花钱了，说来也怪，这样反而赚得更多了。

到了邯郸，他就想："这么多钱，要怎么花呢？"他首先想到女人，于是娶来有邯郸第一美女之誉的舞姬——赵姬。但一番温存过后，他又感觉到空虚："这样花钱对吗？难道钱的用途仅此而已？"

回到阳翟后，吕不韦问父亲："您觉得人生的最大乐趣是什么？"

父亲瞪了他一眼，说道："赚钱。你是个商人，当然要把做买卖当成最大的乐趣呀！做买卖的真正乐趣在于——用一两黄金买到了值十两黄金的东西。当你发现这样的奇货时，会感受到一种无法形容的乐趣。"

"奇货"是指偶然用低价买到的宝贝。吕不韦的父亲一直都在寻找奇货，对于这样的人生，他从不后悔。

吕不韦心想："赵姬是奇货吗？我再去找找别的奇货吧。"

赵姬本来就价格不菲，而且名声在外，所以不能算是奇货。

第二次到邯郸时，吕不韦在街上看见一个衣着寒酸的年轻人。要在往日，他一定头也不回地走过去。但这次吕不韦却停下脚步，问同行的邯郸人："他是谁？"

这时，刚好有赵国大臣的车马驶来。那个年轻人不但没有点头行礼，甚至没有让路，顾自大摇大摆地在道路中央行走。而大臣们则老老实实地在旁边等着，直到他转过街口。看来这人来头不小。

　　同行告诉吕不韦："这年轻人是秦国的人质。谁也不理他，所以他才故意这样摆架子，以此安慰自己吧。怪可怜的。"

　　"哦，原来他就是大家所说的子楚呀。"

　　按照战国时期的规矩，秦国和其他国家议和时，也需要把王族送到对方那里当人质。这位子楚是秦国太子安国君之子，即秦昭襄王之孙。安国君有二十多个儿子，而秦昭襄王的孙子应该有上百人吧。子楚的母亲早就失宠于安国君了。舍得送去当人质的，当然不会是自己宠爱的孩子。

　　子楚被送去当人质后，变得有些自暴自弃："反正父亲和祖父都不喜欢我……"而且，明明他在赵国当人质，秦国却毫无顾忌地攻打赵国，并不担心人质被杀。于是，子楚的性格变得越来越乖戾了。

　　起初秦国攻打赵国时，赵国宫廷里有的大臣主张杀掉秦国的人质。宰相平原君反对："子楚并不是秦王疼爱的孙子。所以，就算我们杀掉他，也不能给对方带来痛苦，反而会成为秦国大举进攻的借口。"

　　于是子楚就这样侥幸地活了下来。当然，赵国朝廷对他的态度十分冷淡，既不给生活费，也不给配备车马。子楚每次外出都只能走路。对于秦国，他是被抛弃的人质；对于赵国，他甚至连被杀的价值都没有。从商业立场来看，这件"商品"的价值趋近于零。

"这是奇货，买下吧！"吕不韦心中暗喜。

秦昭襄王即位将近五十年，年事已高，实际上是由太子安国君打理朝政。安国君非常宠爱华阳夫人，但她没生儿子。子楚虽然不受宠，被送去当人质，但就"并非华阳夫人之子"这一点来说，他和其他二十多名兄弟是一样的。

子楚并不是完全没有继承王位的可能性。吕不韦正是看中这一点，所以才把他当作奇货。

吕不韦立刻前去拜访子楚，说道："我能助您光大门庭。"

性格乖戾的子楚挖苦道："你先光大自家的门庭，然后再来帮助我吧！"

"您有所不知。"吕不韦耸耸肩，说道，"只要您光大门庭了，我家门庭自然会变大的。"

"噢？"子楚这才来了兴趣。

吕不韦说道："我有个计策。"

子楚探身聆听……

吕不韦首先给子楚五百金，作为日常生活和结交宾客之用，并为其配备车马。然后，吕不韦又拿出五百金买来许多珍奇宝物，带去秦国都城。在秦国都城，他找关系认识了华阳夫人的弟弟阳泉君和姐姐，在其引荐下，将自己带来的礼物献给华阳夫人，这才终于获得接见。

　　吕不韦对华阳夫人说："子楚是个贤能聪明之人，广交天下名士，声望很高。听说他在赵国时常因想念父亲和华阳夫人而日夜哭泣……"

　　"真可怜。"华阳夫人说道。人质的境遇原本就值得同情，更何况听说这个年轻人如此想念自己。她的内心被打动了。

　　做好这些铺垫之后，吕不韦又拜托华阳夫人的姐姐，让她劝说妹妹："安国君还健在，大家才这么尊敬你。但你为以后考虑过吗？你没有儿子呀。作为一个女人，总有一天会容颜衰老、没权没势。所以，应该趁早从各位公子里头挑选一位孝顺你的，定为继承人。例如，那位被送到赵国当人质的子楚，排行居中，按次序是不能被立为继承人的，而他的生母又不受宠爱，已经对前途绝望，如果肯提携他，他一定会知恩图报，为你效忠的。"

　　华阳夫人觉得有道理，就在安国君面前恳求道："我想认子楚为儿子，将来好有人照顾。"

　　安国君答应了，和夫人刻玉符为证。

　　本来一切都按计划顺利进行，但这时却出了个岔子。

　　为了给当人质的子楚解闷儿，吕不韦带着爱妾赵姬来到子楚的府上，为他展示美妙的舞姿。然而，子楚看过舞蹈之后，竟然提出说："能把这舞姬让给我吗？"

　　吕不韦很生气——赵姬是他非常宠爱的姬妾，而且前几天还听说她有了怀孕的征兆。他本想拒绝说："这可不行，您在开玩笑吧。"但这样一来，之前的全部投资就都打水漂啦。他的耳边仿佛响起了魔鬼的低语："如果子楚成了秦王，那么赵姬腹中怀着的儿子说不定能继承王位……"

于是，他正襟危坐，说道："可以。不过有个条件——请把她立为正室。"

秦昭襄王五十年（公元前 257 年），秦国派大将王龁率大军围攻赵国都城邯郸。韩、魏、楚三国派出联军援赵，这次战事才以秦国退兵而告终。

秦军围攻邯郸时，赵国依照战国时期的规矩，决定要杀死人质子楚。但吕不韦用六百斤黄金收买了守兵，子楚才成功地逃回秦国。

在此之前，赵姬生下儿子，取名"政"。

秦昭襄王在位五十六年时去世，太子安国君继位，但仅仅一年后就去世了，谥号为

【陈说】

围困邯郸六年后，秦昭王死了，春申君作为楚国使者前去吊唁。大概就是那个时候，赵国将子楚的夫人及儿子政送回了秦国。

——陈舜臣《中国的历史·第二卷·乱世末日》

秦孝文王。按照玉符约定当上太子的子楚顺理成章地继承了王位，是为秦庄襄王——果然是"奇货"。

随着新任秦王即位，正夫人赵姬成为王后。当然，儿子政也就成了太子。政就是后来给战国时期画上句号的秦始皇。子楚可谓"奇货"中的"奇货"了。

荒淫太后的风月事儿

始皇帝益壮，太后淫不止。吕不韦恐觉祸及己，乃私求大阴人嫪毐以为舍人，时纵倡乐，使毐以其阴关桐轮而行，令太后闻之，以啗太后。太后闻，果欲私得之。吕不韦乃进嫪毐，诈令人以腐罪告之。

——《史记卷八十五·吕不韦列传第二十五》

公元前 249 年，"奇货"子楚继承秦王之位，但在位三年就去世了。他的父亲秦孝文王也是即位不久就去世了——并非他短命，而是因为秦孝文王之父秦昭襄王在位时间很长，有五十六年，太子继位时已经上了一定的年纪。不过，子楚死的时候确实还年轻。所以，可以说，秦昭襄王直接把秦国政权传给了曾孙嬴政，即后来的秦始皇。

帝王长期统治的首要条件是年轻时即位。以日本为例，在位最长纪录是昭和天皇[1]，其次是长达四十五年的明治天皇[2]。这两位天皇都是年轻时即位的。中国曾出现过两位在位时间超过六十年的皇帝——清朝的康熙皇帝在位六十一年，乾隆皇帝在位六十年。古时的汉武帝在位也长达五十三年。他们都是年纪轻轻就即位的。

嬴政十三岁时继承了王位。他统一天下、自封皇帝是在即位第二十六年，还没到四十岁，正值壮年时期。称帝后过了十一年就去世了。把秦王和秦始皇这两段时期加起来，他在位一共三十七年。

发掘出这块"奇货"的吕不韦弃商从政，当上了秦国丞相，封文信侯，俸禄十万石。他在邯郸的投资取得了丰硕的成果。虽然子楚已死，但爱妾生下来的儿子早早就成了秦王。自己侍奉的秦王，

---

[1] 昭和天皇：1926—1989 年在位。

[2] 明治天皇：1868—1912 年在位。

其实是自己的儿子，虽然这不能公开。

不知道嬴政是否知道自己的身世？但毫无疑问的是，当他想要施展抱负时，首先成为绊脚石的就是监护人。

印度莫卧儿帝国的阿克巴大帝[1]，和嬴政一样，是在十三岁时即位的。十九岁时，他就把摄政王[2]培拉姆汗发配到边疆，并暗杀了。中国在位时间最长纪录的保持者——清朝康熙皇帝八岁即位，十六岁时将辅政大臣鳌拜革职查办，并处以终身监禁之刑。

越是年轻有为、越是英明的皇帝，就越想除掉掣肘之人。

吕不韦为自己如日中天的权势而欢欣鼓舞，内心也不敢大意。就在这时，发生了一件麻烦事——秦庄襄王死后，嬴政的母后赵姬，也就是吕不韦曾经的爱妾、后来的太子妃、再后来的王后、如今的太后，和吕不韦重温旧情了。

吕不韦很了解这个女人——她是有名的舞姬，也是世间少有的荡妇，不堪长守空闺，一定会不断寻欢作乐。

两人旧情复燃，就是太后勾引的吕不韦。她对他目送秋波，说道："如果能像从前在邯郸那样过日子，不知该有多幸福啊！可是，

---

[1] 阿克巴大帝：印度莫卧儿帝国第三代皇帝，著名的政治和宗教改革家。
[2] 摄政王：代替或代表出国的、年幼的、生病的或神志不清的及不具备执政能力的君主行使国家领导权的人。通常由君主的亲族或戚族担任。

现在每天都过得空虚寂寞。"——《史记》记载："太后时时窃私通吕不韦。"

嬴政年少时还好，但随着年龄渐长，变得格外敏感而容易冲动。这事如果传到他耳朵里，那可不是闹着玩的。吕不韦当然觉察出了危险，嬴政虽然是自己的儿子，但性格冷酷无情，想想就觉得可怕。

当时，吕不韦被称为"仲父"——这称号原本是齐桓公对管仲的尊称，意为：君主对臣子的劝谏应该从善如流，就像对待自己的父亲一样。所以必须是高居"摄政"之位的人，才可能获得这一称号。

吕不韦位高权重，而且家产丰实，府中奴仆多达万人。为了守住这一切，必须和那女人一刀两断。他想到了一个办法："太后是个荒淫之人，如今来纠缠自己只是为了满足私欲，而并非因为重念旧情。既然如此，不如找个精于此道的男人来替代我，这样她也乐意。我已经不中用啦。"

于是，吕不韦向家中的三千门客打听。被问到的人不假思索地回答："要说精力绝伦之人，那当然是嫪毐。这人以阳物硕大而远近闻名。"

据说，嫪毐擅长跳裸舞——以桐叶装饰勃起的阳物，随着淫靡的音乐起舞。

吕不韦故意将嫪毐之事传入太后耳朵。太后果然兴致盎然，两眼放光地说：“我倒想见他一面呢。”

太后的美色曾经令人质子楚神魂颠倒，而今正是一个女人最妩媚的时候。她的眼睛与其说迷人，不如说是妖艳。

吕不韦不禁打了个寒战，答道：“我来想办法。”

普通男人是禁止进入后宫的。吕不韦因为身为宰相位高权重，所以才能接近太后。而嫪毐何德何能，总不能忽然把他提拔为宰相吧。吕不韦想让的并不是相位，而是太后的情夫这一危险的角色。对了，还有一种特殊的男人可以进入后宫——严格地说也许不能算男人——因获罪而被阉割的宦官。

如果嫪毐成为宦官，就能在太后身边服侍她了。然而，太后之所以看中嫪毐，正是因为他那硕大无比的阳物。倘若阉割，则成无用之人。

吕不韦首先捏造了个罪名把嫪毐抓起来，然后给太后出了主意：“人总是抵挡不住欲望的诱惑。只要出重金贿赂，什么事都可以买通。尤其是掌管腐刑的刑吏，职位低贱而酬劳又少。”

“腐刑”是指阉割之刑。如果用重金收买，刑吏就会刀下留情，然后向上面报告说“已行刑”。“受刑者”因此而获得当宦官的资格。吕不韦说“人总是抵挡不住欲望的诱惑”，其实有暗讽太后荒淫无度的意思。但头脑发热的太后却愣是没听出来，还赞成道：“好主意。”

【陈说】

《史记·吕不韦列传》说嬴政处理嫪毐是因为有人告密，而《史记·秦始皇本纪》则说是嫪毐兴兵作乱，于是嬴政命昌平君和昌文君镇压。嫪毐并未掌握兵权，突然起兵，令人怀疑。或许是他被逼至不得不举兵的地步，又或许并未发生兵变，而是嬴政以"叛乱"为由单方面镇压。

嬴政的目标也许并非小人物嫪毐，而是相国吕不韦。对于年仅二十一岁的年轻君主而言，吕不韦实在令人讨厌。而在吕不韦看来，发现"奇货"、费尽心血让子

收买了掌管腐刑的刑吏，嫪毐没有用刑，但胡须都仔细地拔掉了——被阉割过后，男性特征退化，不会再长胡须。

从此，太后和宦官嫪毐在后宫开始了糜烂的生活，甚至为便于掩人耳目，太后携嫪毐搬迁至雍城居住。随着太后对嫪毐的日渐宠信和重视，吕不韦的权势开始受到制衡。后来在太后的恳求下，嬴政重用嫪毐，还封他为"长信侯"，以山阳[1]为其住地，以河西太原郡为其封地，所得赏赐丰厚异常。想要当官、晋升的人都来贿赂嫪毐，于是他很快成了大财主。

太后和嫪毐生了两个儿子。太后待产时，对外谎称斋戒或避忌消灾，不见外人。

但纸是包不住火的。有人向嬴政告密说："嫪毐其实并非宦官，还和太后生下了儿子。他们打算等大王去世，就让这儿子继位……"

按当时的规定，如果告密失实，告密者

----

[1]　山阳：今山东省巨野县一带。

会被处死。但这告密者显然很有把握——关于嫪毐是不是宦官的问题，只要检查一下身体就能确认了。

嫪毐听到风声后，连忙假借太后的印玺调集兵力，攻击秦王所居蕲年宫，企图谋反，却被嬴政的军队击溃。嫪毐被抓住处死，满门抄斩。

嬴政还把太后所生的两个儿子也杀了，把太后迁到了雍地——现在的凤翔县南边。

宰相吕不韦也因此事被追究责任，免去职务，流放到河南领地。但吕不韦门下的三千食客又追随而至，各国诸侯使者也纷纷前来拜访。

嬴政见状，就写信给吕不韦："你对秦国有何功劳，能拥有河南十万户领地？你和秦王有何亲缘关系，敢号称仲父？你应该举家迁去蜀地！"

蜀即现在的四川省，当时是边远之地。命令他去那里，其实就相当于赐死。于是，吕不韦喝下毒酒自尽。

楚登上王位，以及之后嬴政的继位，这一切都是自己的功劳。

姑且不说吕不韦是不是嬴政生父，即便不是，吕不韦也仍是嬴政的大恩人，这是不可否认的。也正因为如此，嬴政才感到不愉快。

——陈舜臣《中国的历史·第二卷·乱世末日》

这是嬴政二十四岁时的事，嫪毐之事三年后。

处理完身边诸事，嬴政觉得一身轻松。接下来可以专心致力于天下统一大业了。

不久，嬴政把迁至雍地的太后又接回了都城。他这么做，并非念骨肉之情而原谅母亲，而是考虑到，如果"不孝"之恶名流传开来，恐怕会妨碍天下统一的大业。

嬴政三十一岁时，这位荒淫的太后去世了，谥号为"帝太后"。

也许是错综复杂的家庭关系，造成了嬴政多疑的性格。也有人认为，若不是像他这样有心理阴影的异人，是不可能统一中国的。

我觉得，嬴政一定知道自己身世的秘密。

破晓前的刀光剑影

始轲既取图奏之。秦王发图，图穷而匕首见。

因左手把秦王之袖，而右手持匕首揕之。

未至身，秦王惊，自引而起，袖绝。拔剑，剑长。

操其室。时惶急，剑坚，故不可立拔。

荆轲逐秦王，秦王环柱而走。

——《史记卷八十六·刺客列传第二十六》

　　沿着河南省郑州市南下武汉的铁路行约一百二十公里，就到了漯河市。在其东南边几十公里处，有个叫"上蔡"的地方。战国末期，这里属于楚国领域。

　　有个叫李斯的年轻人在上蔡官府里任职。有一天，他准备外出检查粮仓，临走前上了趟茅厕。

　　"哎呀，吓我一跳！"粪便上成群的老鼠见有人来，顿时四散逃窜。其中一只跳过李斯的脚，钻进了水沟里。"这儿也太臭了！"李斯忍不住捏住了鼻子。

　　后来，李斯在粮仓里也看见了老鼠。"这儿的老鼠还过得挺滋润的嘛。"即使有人走近，粮仓里的老鼠也不太惊慌，看上去一只只都肥嘟嘟的。这也难怪，它们住着粮仓，吃着上好的谷物。

　　李斯十分感慨，自言自语道："人是否有出息，和这老鼠不是一个道理吗？都是由自己所处的环境造成的……"

　　不久，他到了兰陵[1]，师从荀子。

　　同一时期，孟子提倡性善论，而荀子提倡性恶论。孟子认为，人性本善，只是因为各种原因受到污染，所以必须通过修养来重归本性——属于道德主义。而荀子则认为，人性本恶，所以必须通过

---

[1]　兰陵：中国古代名邑，位于山东省临沂市境内。

刑罚严加约束——属于法律至上主义。

李斯既然师从荀子，归根到底，是一位法学系的学生。他的同门师兄弟中，有一位叫作韩非的年轻人。韩非本是韩国王族公子，说话经常口吃，没有口才，但智力却超乎常人，就连李斯也甘拜下风。

学业完成时，荀子对两人说："我已经没什么可以教给你俩的，接下来就是付诸实践了。各自回国去效力吧。"

韩非回答："是。"

李斯却说："我不想效力于楚国。"—— 他想起了茅厕老鼠和粮仓老鼠的天壤之别。

"那你打算去哪里呢？"

"秦国。"

老鼠择粮仓而居。同样，人也应该为强国效力方是明智。

"原来如此……"荀子不愧是性恶论之大家，一下子就看透了弟子的心思，"那我写封推荐信给秦国丞相吕不韦吧。"

就这样，两位同门师兄弟学成出山，各奔前程。

韩非回到韩国，但却不受韩王重用。失意之下，埋头著书立说。他完成的著作，即流传至今的《韩非子》。

李斯则因为有恩师的推荐信，顺利地成为吕不韦的舍人，也就是家臣。

后来，吕不韦因受到太后丑闻事件的牵连而下台了。当时还发生了一件事。韩国的水工郑国向嬴政提议修筑渠道以利灌溉，并亲自担任工程监督。但嬴政发现郑国其实是韩国派来的奸细。韩国是想借此大工程消耗秦国的力量，以防秦国攻打自己。

不过在被处死前，郑国说："如果这项工程完成了，最终得益的还是秦国。"嬴政就免其死罪，让他继续主持修筑工程。

但是，别国奸细潜入秦国、别国出身的丞相吕不韦扰乱宫廷——这些事件激起了秦国人的排外意识。秦国的王族和大臣们都纷纷进谏："从诸侯国来秦国任职的人，其实大都是各为其主，各有阴谋。请大王将他们赶走吧。"

嬴政无奈之下，只得颁布"逐客令"，把来自别国的客卿驱逐出境。楚国人李斯当然也在被驱逐之列。

李斯上书反对逐客令。他的这篇《谏逐客书》写得条理井然。

他先引用秦国历史上的先例，说明秦国自古以来的繁荣要归功于各国出身者的贡献。秦穆公从各国招揽贤才——西边戎的由余、东边宛的百里奚、宋国的蹇叔和晋国的邳豹、公孙支，在他们的辅佐下才成为霸主。秦孝公任用卫国王族商鞅，因此民富国强，击败楚国、魏国，扩大了疆土。秦惠王任用魏国人张仪，成功地瓦解了六国的合纵联盟。秦昭王在魏国人范雎的辅佐下，逐渐吞并诸侯领地。

通过上述例子，李斯质问道："怎么能说外国客卿对秦国无益呢？"

接下来，《谏逐客书》写道：

昆仑之玉、随侯之珠、和氏之璧、明月之珠、太阿之剑、纤离之马、翠凤之旗……这些秦国的宝物，其实全都不是产自秦国。在秦国宫廷中，有来自赵国的美女，演奏着郑国和卫国的乐曲。然而，为什么偏偏在任用人才的时候要排外呢？这岂不是说明秦国轻视人才而只重女色、音乐和珠宝吗？这样的话，秦国会失去威望，导致人才流失，让别国得益……

正是凭着这篇《谏逐客书》，李斯得到了赏识，从而走上了政治家的舞台。他先是被任命为廷尉[1]，设置出合理有效的法律机构，强化了皇帝专政的基础。当其他各国沿袭贵族体制而吵闹不休时，秦国却开始在铺设好的轨道上疾驰前进。

在对外政策方面，秦国主要是通过收买线人以蛊惑人心。

当时，韩非的著作已经传入秦国。嬴政读后深受触动，甚至感叹道："多么精辟的论点啊！如果能见到此书作者，与其成为知交，

[1]　廷尉：九卿之一，掌刑狱。秦汉至北齐主管司法的最高官吏，相当于日本的法务大臣。

【陈说】

《韩非子》中最著名的大概是这句话：

儒以文乱法，侠以武犯禁，而人主兼礼之，此所以乱也。

韩非认为，儒者批判政治和社会，这是以语言乱法；侠者凭借武力取闹，这是以武触禁令。二者都违背了绝对的"法"，是无耻下流之徒，但却受到了君主的礼遇。战国四君子的三千食客大多是儒和侠，作为君主不该优待这些不事生产、违反国家根本大法的城狐社鼠。这正是嬴政欣赏的学说，后来的反儒行动想来也是受到了韩非的极大影响。

韩非说出了嬴政平日所想，并且分条缕

则死而无憾！"

李斯告诉他："此书作者其实是我的昔日同窗——韩非。"

"真的？"

于是，嬴政突然出兵伐韩。想夺取什么，无论是土地、财宝，还是人才，就出兵攻打对方，这是他一贯的做法。

得知秦国出兵的消息后，韩王十分狼狈，想派使者前往求和。

派谁去好呢？

派韩非去！韩非学成归国以来，还是第一次被起用。但韩王之所以选派韩非当使者，并不是因为认可他的才华，而是考虑到韩非和秦国重臣李斯是昔日同窗，应该比较容易说上话。

嬴政大喜：果然如愿把韩非弄到手了！

但李斯的心情却很复杂。他和韩非一同师从荀子，学习同一领域的学问，而且不得不承认，韩非的才华远在自己之上。如果韩非在秦国得到重用，今后讨论同一个问题时，自己就会相形见绌。最后，只怕自己会被挤走，而韩非则取而代之，成为操纵秦国的重臣。

于是李斯对嬴政说："韩非和我不一样，并不是普通的外国客卿，而是韩国王族公子。现在，大王想吞并各诸侯国，而韩非却只考虑如何为韩国谋利益，必不肯为秦国尽力。这是人之常情。但如果大王不任用韩非，就这么放他回去，恐怕会留下后患。不如依法杀之，方为上策。"

嬴政本是性格冷酷之人，心想，既然不能为我所用，索性就把他杀掉吧。于是他说道："你说得有理。"

趁着嬴政还没改变主意，李斯就派人给韩非送去毒药，逼他服毒自杀了。果然，嬴政重读《韩非子》时，觉得杀了韩非太可惜，想要赦免他，可惜韩非已经死了。

这是秦王政十四年（公元前233年）的事。三年后，韩国被秦国所灭。次年，秦国攻打赵国。赵国名将李牧率兵坚守。秦军反复攻打了一年，却久攻不下。于是，秦国暗中收

析、深刻透彻、通俗易懂。想必嬴政每读一章都忍不住拍腿叫绝吧，以至于毫无人情味儿可言的嬴政也发出了"得见此人与之游，死不恨矣"的感叹，可见他与韩非学说之共鸣何等强烈！

——陈舜臣《中国的历史·第二卷·统一天下》

买了赵国大臣郭开，让他散布谣言说李牧企图谋反，成功地除掉了这位棘手的名将。

接下来就好办多了。

秦王政十九年（公元前 228 年），赵国都城邯郸被攻陷。邯郸是嬴政的出生之地。他亲自进入邯郸，站在少年时期曾经熟悉的街头，喃喃自语："接下来就轮到燕国了。"

秦国实现统一天下，在内政外交方面，李斯居功至伟；而在军事方面，最大的功臣则要数王翦。

王翦是频阳人。

山南为阳，山北为阴。日本地名中也有"山阳""山阴"的例子。如果地名中有"阳"字，应该就是位于山的南边。但江河则相反——洛水北边的城市即洛阳；频阳则位于频水之北、西安的东北方。

王翦年轻时，常跟随叔父外出旅行。他叔父是木材商人，经常去木材产地收购货物。

有一次，王翦看见叔父利用山涧急流运送木材，大受启发："这个方法可以运用到兵法中。"

王翦自幼喜好兵法。

运木材时，先堵住山涧，截流蓄水。然后把木材漂浮于水面上，再决堤放水。木材就会顺流而下，运送到山脚下的村子里。本来那只是一条小山涧，水量不足以运送木材。但只要把水蓄起来，就能积少成多。而水量越多，则冲力越猛——这就是王翦受到的启发。

后来，王翦效力于嬴政。要把潺潺细流积蓄起来，必须有足够的耐心。王翦的兵法精粹，就在于耐心等待。从这点也可看出，他是一个小心谨慎之人。

王翦当上将军后，经常对家里人说："我须谨记武安君的教训。"武安君即效力于秦昭王的名将白起。

白起虽然是战功赫赫的名将，但晚年却被贬为一名普通士兵，最终还被赐死。之所以落得这个下场，是因为他公然反对秦昭襄王的意见。身为将军，当然可以阐述自己对战局的见解，但如果和秦王意见不一致，应该采取更温和、更委婉的表达方式。而白起却直截了当地反对。并且，当得知秦昭襄王因为不听自己的建议而久攻不下邯郸时，白起还说风凉话："都怪当初不听我的计策，现在结果如何？"这简直就是幸灾乐祸，也

【陈说】

白起自从被封为武安君，权势过于强大。对于手握兵权的大功臣，任何君主都不放心。当时，昭王已经在位五十年，年事已高，他自己尚有信心压制白起，但想到自己去世后的政治局势就感到惴惴不安——受过帝王学教育的太子早夭，而提上来的次子安国君体弱多病，正式即位才三天就死了。趁早除掉掌握兵权的巨头，才能放心一些——恐怕这才是白起惨死的真正原因。

——陈舜臣《中国的历史·第二卷·统一天下》

难怪会惹怒秦昭襄王了。

王翦以这位前辈为前车之鉴，时时提醒自己：即使内心这么想，也不能明说。

秦王嬴政即位十九年，攻破故乡邯郸，俘虏赵王，吞并赵国。这是秦军统帅王翦花一年时间耐心进攻的成果。

早在两年前，韩国就已经灭亡。

嬴政把下一个目标对准了燕国。位于今北京一带的燕国见赵国被灭而深感恐惧，但凭燕国的实力，无论如何防备，在强大的秦国面前都无异于螳臂当车。

燕国太子丹心想：要想起死回生，只能出奇招了。

秦国在以李斯为首的"法家"的努力下，建成了极其高效的独裁机构，由嬴政这位强有力的领导者进行着有条不紊的统治。

所谓的"奇招"，就是暗杀嬴政。只要除掉这位强硬的领导者，下层组织就会瞬间瓦解，至少短期内不会把侵略的魔爪伸向燕国。除此之外，燕国没有其他活路。于是，太子丹招募了刺客荆轲——他可是战国末期舞台上的明星人物。

为什么刺客能成为明星人物呢？因为他并不是一名职业刺客，他前往行刺并非出于私心。正所谓，士为知己者死。荆轲忠于这一人生信条，为了报答太子丹的知遇之恩，甘愿豁出性命。

当然，无论信念如何坚定，如果见不到嬴政，就没有机会行刺。为了得到嬴政的接见，必须带上他想要的礼物前去才行。

第一件是原秦国将军樊於期的首级。樊於期逃出秦国后投奔燕国，嬴政悬赏黄金千斤、封邑万户以取其首级。听荆轲说明来意后，樊於期说道："只要能派上用场，我愿献出自己的头颅。"说完毅然自尽。第二件是督亢[1]的地图。献地图，意思就是把这片土地割让给对方。

荆轲还求得名剑——徐夫人的匕首，将它藏进督亢地图的卷轴里。他知道，在秦国宫廷中，除了秦王嬴政，其他人都不能携带兵器上殿。

太子丹一行在易水边送别荆轲。荆轲吟唱道："风萧萧兮易水寒，壮士一去兮不复还。"

即使行刺成功，自己也绝无生还的希望。

【陈说】

于是荆轲就车而去，终已不顾。

《史记·刺客列传》以此句结束易水离别的悲壮场面。有人指出，荆轲带着绝密的任务，而身穿丧服送行的场面未免过于张扬。燕国潜伏着秦国的间谍，万事都要小心谨慎才对。话虽如此，但献上督亢的地图和樊於期的人头乃众所周知之事。割地是悲剧，为带着悲剧任务的使节送行的场面，自然是悲壮的。

——陈舜臣《中国的历史·第二卷·一统天下》

---

[1] 督亢：燕国的膏腴之地，今河北省涿州市东南有督亢陂。

我们现在知道，行刺最终失败了。

荆轲献上地图后，嬴政慢慢展开卷轴，图穷而匕现。荆轲飞快地扑上去夺过匕首，一把抓住嬴政的衣袖，猛刺向他胸膛。

其实不必刺中心脏——匕首上涂了剧毒，只要稍为刺伤，就能置对方于死地。而且，抓衣袖显然失策，还不如抓住胳膊。

嬴政挣断衣袖，连忙后退，在这紧急关头躲过了一劫。当时，殿上群臣个个手无寸铁。情急之下，侍从医官夏无且用药囊掷向荆轲。

嬴政拔出长剑，向荆轲砍去。匕首当然无法抵挡。最后，荆轲奋力掷出匕首，可惜却偏离目标，只击中了铜柱。

荆轲当场被杀死。

嬴政震怒，派王翦出兵攻打燕国。秦军在易水西击败燕军。燕王和太子丹从北京逃往辽东。秦军乘胜追击。但王翦患病，中途回乡休养。一上年纪，这位慎重之人变得越来越小心谨慎了。

当时，王翦的儿子王贲作为年轻将领已经崭露头角，取得了俘虏魏王、消灭魏国的战绩。另一位年轻将领李信则率兵击败了退守辽东的燕国残余势力。

"看来，如今是年轻人的世道啦。"王翦在大家面前这么说道，心里却对年轻将领们不以为然：唉，这帮毛头小子，还不懂战争有多可怕呢！

年轻将领们因为率领强大的秦军攻打弱国，赢得轻松，所以想当然地以为能屡战屡胜。但王翦不这么认为。韩、赵、魏这三国被消灭，燕国逃往辽东，齐国也日渐衰落。所以，难对付的强敌就只剩下楚国了。

嬴政问各位将军："攻打楚国需要多少兵力？"

李信说要二十万。王翦说要六十万。

嬴政说道："王将军老啦，这么胆怯！"就升任李信为统帅，发兵攻打楚国。

李信领军首战告捷，但随后则遭遇惨败——连续行军三天三夜后，遭到楚军突然袭击，导致七名都尉一同战死。

嬴政亲自上门拜访已经退居频阳乡里的王翦，致以歉意，并请他再次出山。王翦推辞多次后，终于答应出任统帅，但仍然坚持说："那就请给我准备六十万军队吧。"

嬴政亲自把王翦送到灞水边。一路上，王翦不断请求秦王赐予良田、豪宅、园林池苑。

嬴政咧嘴问道："将军只管上战场吧，又何必有贫苦之忧呢？"

王翦说道："身为将军，即使立战功也不能封侯。所以须趁着大王还需要我的时候，请求赐予园林池苑，好留给子孙后代。"

嬴政哈哈大笑道："我考虑一下。"

王翦到达函谷关后，又连续五次派使者回朝廷请求赐予良田。

部下皱着眉头说道："将军也是老糊涂了，这么没完没了的。"

　　老将军王翦私下对亲信透露心声："秦王疑心很重，经常猜忌别人。你想想看，现在我拥兵六十万——这几乎是秦国的全部军队了。秦王手中没有军队。我有足够的兵力谋反。如果秦王怀疑我的话，我会惹上麻烦的。所以我故意死乞白赖地请求赏赐，以让秦王放心——如果我在国内留有大量财产，应该就会知足，不至于造反吧……"

　　在和楚国的交战中，王翦也是极其慎重。面对楚军屡屡挑衅，也坚守不出。士兵们都在城中休养、洗浴、玩游戏。

　　王翦想起了从前见过的用山涧运送木材的情景——水量越多，则冲力越猛。军队休养越充足，兵力就越强。然后，趁士气最旺盛之时，一举出击。

　　楚军大败。

　　一年后，楚王被俘。

　　这是秦王政二十四年（公元前 223 年）的事。

　　次年，退守辽东的燕王也被消灭了。

　　再过一年，王贲俘虏了齐王。

　　就这样，六国全都灭亡了。

　　公元前 221 年，秦王嬴政称皇帝，是为秦始皇。

　　在三年后的西方，迦太基的汉尼拔将军翻越阿尔卑斯山，击溃了意大利。

艺术家和独裁者

臣请史官非秦记皆烧之。非博士官所职，

天下敢有藏诗、书、百家语者，悉诣守、尉杂烧之。

有敢偶语诗书者弃市。以古非今者族。

吏见知不举者与同罪。令下三十日不烧，黥为城旦。

所不去者，医药卜筮种树之书。若欲有学法令，以吏为师。

——《史记卷六·秦始皇本纪第六》

　　秦始皇是杰出的人物。而且，他本来就爱出风头，不能忍受平庸和守旧。对于创造新事物，他有着异常的热情。从这点来看，我认为他是一位艺术家。

　　在他的面前摆着宏伟的素材——全天下。消灭了六国中最后的齐国，全天下就都属于秦国了。面对这宏伟的素材，秦始皇的创作欲熊熊燃烧起来。他全身心投入到了建造国家的事业中。至于这件作品是杰作还是劣作，人们褒贬不一。但可以肯定的是，他非常喜爱自己的作品。对于妨碍自己创作的人、稍微流露出一丝反对的人，他都会无情地镇压。

　　充满自信的艺术家大都是天生的独裁者，他们只认同自己的作品。秦始皇也不例外。消灭六国之后，他就想：必须要改掉"王"的称号。

　　夏王、殷王灭亡了，神圣的周王也灭亡了。六国最后的齐王更是饿死于松柏之间。松柏常绿，而松柏下的齐王却如此短暂无常。因此，注定要灭亡的"王"之称号不宜再用。

　　秦始皇问群臣："有什么称号配得上我这不朽地位的呢？"

　　群臣商议后，回答说："古时五帝只是统治一小块领土，远远不及大王之伟业，所以用'帝'的称号也不合适。在古代，'天皇'、'地皇'、'泰皇'等各种称号中，尤以'泰皇'最为尊贵，不如就用'泰皇'如何？"

秦始皇道："那就去掉'泰'，只取'皇'，后面再加个上古的'帝'字——就称'皇帝'吧！"

"皇帝"的称号，就是从这时开始使用的。

作为满怀抱负的先驱者，往往都特别注重名称——既然要开创前所未有的新事业，就不能沿用原有的旧名称。

秦始皇继续说道："人死后起谥号难免有'子议父、臣议君'之嫌，今后应废除谥法。我称'始皇帝'，后代以数字相称，为'二世'、'三世'……直到万世，永远相传，无穷无尽。"——实际上，别说什么"万世"，秦朝到二世就灭亡了。

秦始皇还规定：原先一般人用于自称的"朕"字，以后只有皇帝才能用。这是根据李斯提议而定的。皇帝之命称为"制"，皇帝之令称为"诏"，皆始自秦始皇。

称皇帝为"陛下"的规定，也是从这时开始的。

秦始皇如此热衷于制定各种新规范，可见他不仅是个创作狂，也是个乐此不疲的统治者。

他对战国时期各国五花八门的度量衡也进行了统一。

他还下令把各国长短不一的车辆尺寸变成一致。战国时期，兵车是主要的战斗工具，由几匹马牵引。如果在道路上挖出不同尺寸的车辙，就能防止他国兵车入侵。但如今天下统一了，没有"他国"，也就不必再保留不同尺寸的车轨——这就是所谓的"天下同轨"。

接着是统一文字。和度量衡、车辆尺寸一样，各国文字也是五花八门。现在还偶尔会出土一些战国时期的金属印章，上面的文字和汉字略有差别，有时难以辨认——一般把这称为"六国文字"。如果秦始皇没有统一文字，任由六国文字各自发展，那么，现在中国也许会使用好几种不同的文字，就像欧洲有罗马文字、俄罗斯文字、德国文字一样。甚至，连国家本身也可能会像欧洲一样分裂成几个小国呢。

总之，这也得归功于秦始皇。

统一天下之后，丞相提议："燕、齐、楚地处偏远，朝廷难于监管，何不封各位皇子为王，让其镇守各地？"

群臣都赞同。李斯却表示反对："周文王和周武王在各地分封了许多同姓子弟，结果又如何？随着时日一久，彼此互相疏远，甚至像仇敌一样互相厮杀，连天子也无法阻止。因此，与其分封领地给诸位皇子和功臣，还不如从国库中取出财物赏赐他们。"

秦始皇点头说道："有道理。几百年来，天下人饱受战乱之苦正是因为各地诸侯的存在啊。不可设置诸侯！"他自己也是殊死拼杀的诸侯之一，对这一点有切身体会。

他决定把天下分成三十六郡，定咸阳为首都。中央政府最高的官僚是丞相、御史大夫和太尉，亦称"三公"。地方郡的长官为守，县的长官为令，由中央派郡守进行统治。当然，郡守以及其他主要官员都属于官僚，会经常调动，不必担心地方势力增强而发展为诸侯，同时也打破了血缘关系的宗法制。这就是"郡县制"，也是秦始皇的功劳。

从此以后，中国的政治形态就变成了以官僚体制为中心。甚至为了防止六国贵族依持宗族"死灰复燃"，强迫他们迁徙到咸阳，要他们看护皇陵，或去西南边远地区去做苦役。后来，即使皇帝有时分封亲属、功臣为王，大都也只是很小的一块封地，仅相当于村支书而已。而且还规定，分封的王只能从封地征税，不能直接插手封地的行政管理。

自从秦始皇灭六国以来的两千几百年，中国没再出现过类似日本"大名"[1]这样的诸侯。从这一点来说，也可以认为秦始皇这位"创作者"在某种程度上造就了中国的特征。

一统天下的秦始皇自信心膨胀，以为凭

【陈说】

皇帝独裁的强制性统一使得各地出现了一时的混乱，但使后人受惠无穷。秦始皇极其迅速地完成了这项迟早要做的事业。尽管看上去有点操之过急，但当时的始皇帝有着绝对的自信，想必也不会觉得这些激烈的改革和统一过于勉强。

——陈舜臣《中国的历史·第二卷·万里长城》

---

[1] 大名：日本古时对封建领主的称呼。

【陈说】

当时的秦朝政治实质上是李斯政治，责难政治便是责难李斯。李斯明白，责难之声主要来自儒家，因此，有言"今不如昔"者一律抄斩全族——秦统一天下，实行全新的政治，怎么能和过去比呢？简直是岂有此理！李斯试图以"焚书令"给予儒家沉重的打击，进而巩固自己的地位。

李斯很清楚，秦始皇唯我独尊，对于以今比昔毁谤当下政治的行为必定勃然大怒。他也清楚儒家对封禅之事议论纷纷且观点不一，秦始皇很

自己的力量无所不能。终于，他决定通过压制言论来控制人们的思想，这就是历史上有名的"焚书坑儒"。

焚烧书籍，活埋儒生。

"请下令将医药、卜筮、种树以外的书籍全部烧掉。"提出这个建议的，正是法家的李斯。理由是，那些书籍不师今而学古，以古非今，惑乱民心。

纸是三百多年后才发明的。当时的书籍还是用连接在一起的木简和竹简。

焚书的大火一连燃烧了好几天，尘烟滚滚，不时发出竹片爆裂声。一到夜晚，远远就能看见火星在空中飞舞。

见此情形，魏人陈馀对友人孔鲋说道："秦王下令烧毁先代书籍，说是三十日之内不烧掉的话，书籍主人会被黥为城旦 [1]。你有这么多书，太危险了吧？"

---

[1]　黥为城旦：一种刑罚名。脸上刺字，罚做筑城苦役。

孔鲋答道："怎么会？只有我的好友才知道，而秦王并非友人，所以我不会有任何危险的。我要把这些书藏起来，以待后人求书。"

孔鲋字子鱼，是孔子的八世孙。

对于坑儒，人们似乎有一些误解，以为是把世上所有的儒生抓来活埋，其实并非如此。

当时发生了一件事。方士侯生、卢生自称能炼制长生不死之药，从秦始皇那里骗走许多钱财后就逃跑了。在调查此事的过程中，儒生们互相揭发，有四百六十多名儒生被认定有罪，最终处以死刑。

他们被处死，并非因为是儒生，而是因为有罪！

秦国是法治国家。

法律是神圣的。

不过，在秦始皇眼中，应该没有"神圣"的观念吧？他知道自己原本并非继承王位的

是瞧不起这些人。因此，李斯坚信自己的进言会被采纳。

秦始皇果然开始实施焚书令。

这是赤裸裸的言论封杀，是愚民政策。

——陈舜臣《中国的历史·第二卷·万里长城》

正当之人，所以不可能对血统抱有什么信仰。既然从一开始就被剥夺了"神圣"观念，那秦始皇只能成为唯物论者。换句话说，就是唯法律论者。在秦帝国，一切都按照法律规定运行。违反者以及批评者都会遭到严惩。

　　每当游客登上西安郊外华清池的后山时，导游就会指着前方说："这就是秦始皇的陵墓。"

　　前方隐约可看见一座山丘，仿佛是巨人用手指在地面上捏成的一样。人们称它为骊山陵。

　　陵墓呈双层方形，底边长约五百米，南北比东西稍长。墓室顶部绘有星宿图——近千年后日本的高松塚与此如出一辙。据说，秦始皇陵的墓室下还有水银绘制的百川、五岳等地图。

　　好不容易才把天下夺到手，所以死后也要全部带到另一个世界去——这是历代皇帝的共同愿望。秦始皇也不例外，而且生前就建好了自己的陵墓。当然，为了修建这项工程，许多百姓被迫服劳役。

　　陵墓是死后居住的地方，而秦始皇在世时居住的宫殿也极尽雄伟——这就是著名的阿房宫。

　　东西五百步——"步"是长度单位，一步相当于1.35米，五百步就是675米。南北五十丈——当时一丈为2.25米，五十丈就是112.5米。

这座雄伟的宫殿里可坐一万人。"阿房"是当地地名，故称"阿房宫"。本来计划等竣工时再取个好名字，然后把天下的财宝和美女都汇集于此。但还没等宫殿建成，秦始皇就死了。

说点题外话。日本占领台湾时，建造了一座宏伟的总督府，想以此威慑殖民地的居民。而当时台湾连两层楼的房子都很少见。当地人把这座总督府称为"阿房宫"——这个绰号表达了他们的愿望：殖民统治者一定会很快灭亡，就像阿房宫的主人秦始皇一样。

据《史记》记载，秦始皇调集了七十万名囚犯修筑骊山陵和阿房宫。

秦朝法律严酷，所以囚犯越来越多。为了给修筑工程输送人力，甚至还会故意捏造罪名以增加囚犯。

这些巨大工程还包括大家所熟悉的万里长城。

【陈说】

在战争和苦役中失去丈夫的妻子不知几万、几百万。她们的泪水改变了一个国家的民俗，并且世代相传。先前就有和孟姜女的故事几乎相同的传说，因此这不是真实的历史——此种论断十分滑稽。我倒认为，没有比这更真实的历史了。欲以悲恸之泪使地动山摇、长城崩塌的女子何其多哉！现在也应该还有。

——陈舜臣《中国的历史·第二卷·万里长城》

　　战国时期，燕国和赵国为了防御外族入侵而建造城墙。秦始皇时期对此进行了加固、连接和增修，建起了长达两三千公里的长城。当然，这也是耗费众多人力的巨大工程。

　　秦朝有一半人被迫服劳役，剩下的人则需要缴纳占收入三分之二的重税。对于这样的秦始皇政权，人民自然是怨声载道。同时，六国的残余势力也怀着亡国之恨，等待时机报仇。

　　秦始皇却一直以为，自己的强大力量可以轻易压垮人民的不满和怨恨。他下令把天下所有兵器都收集到秦都咸阳。

　　当时的刀剑、长矛等都是青铜做成的。这些兵器熔化后，铸成大钟以及十二尊铜像。关于这些铜像，《史记》只记载了一句："金人十二，重各千石。""千石"大约等于三十吨。三十吨的铜像，规模相当巨型，不知道是用来朝拜还是用作装饰。

　　有人认为这是夷狄部族人跪着的铜像。如果确实如此，那也许是用来纪念战功的。近代日本也会把战争中缴获的大炮、炮弹等摆在神社里以纪念胜利。看来，人们的想法过了两千年也没什么改变。如此说来，丰臣秀吉颁布的"刀狩令"[1]也和秦始皇如出一辙。

　　这些铜像摆在宫廷的院子里。各地已经没有像样的兵器了。在

---

[1]　刀狩令：1588年，丰臣秀吉向全国颁布"刀狩令"，没收农民手中的兵器。

严酷的统治下，想暗中制造兵器也并非易事。

从中央派往各地的官吏本来就不是当地人，没想过要长住下去，所以也不必卖人情。而且，对于违法行为，中央鼓励——不，是严格规定必须重罚。如果被发现执法不严，官吏就会掉脑袋。

秦始皇心想：如此严加管理，天下当能太平。

然而，具有讽刺意味的是，秦朝天下被推翻，正是这种高压政策所引发的。关于这点，后文再叙。

秦始皇在位时，经常巡游各地。所到之处，树立石碑，把颂扬自己功绩的文章刻在上面，希望自己永远被子孙后代称颂。然而，每当想到有一天会抛下属于自己的天下、离开人世，秦始皇就觉得无比遗憾。

"我不想死……"

如果有长生不老药，无论如何都要弄到手。当然，花多少钱也在所不惜。

在琅琊，有时能看见海市蜃楼。也许因为这个缘故，当地有很多神神道道的方术士、占卜师。其中一人名为徐福。

秦始皇来到琅琊，照例建造大石碑时，徐福说道："海中有三座神山，名叫蓬莱、方丈、瀛洲，有仙人居住在那里。我希望能斋戒沐浴，然后带领童男童女前往求仙。还请陛下赐予援助。"

如果遇见仙人，也许就能获得仙药。

"好。那就快点着手准备吧。"

秦始皇将大量钱财和几千名童男童女赐予徐福。

徐福骗到钱财后，独自暗笑道："如此暴政横行的国家，怎能住得下去？我还是出海去寻找新天地吧。再见了，暴虐的秦国！"

随行的几千童男童女成了移民。一旦发现新天地，如果人手不够，也没法进行建设。因此可以说，秦始皇为徐福提供了流亡资金和年轻的开拓移民。

据说，徐福的移民团在日本纪州登陆。熊野市和新宫市都分别建有"徐福之墓"，至今还在为哪一处是正宗而争吵不休呢。

过分自信会让人走上疯狂之路。独裁者尤其危险，因为身边没人敢劝阻他。

秦始皇离开琅琊后，途经江苏进入湖南，乘船在长江上航行。经过湘山祠附近时，忽然刮起大风，船只无法前行。

秦始皇问博士道："这里祭祀的湘君是什么神？"

"听说是尧的女儿、舜的妻子。"

"哼，这神竟敢顶撞我！"

秦始皇大怒，立刻派来三千名服刑的囚犯，把湘山上的所有树木都砍光了。

这是秦始皇二十八年（公元前 219 年）的事。

翌年，秦始皇再次出行。当队列行至河南省阳武县博狼沙山中时，忽然一把大铁锤从天而降，砸中了秦始皇御驾旁的副车。显然，这是有人想刺杀秦始皇，只不过砸偏了。

秦始皇大怒，下令搜山追捕刺客，但却没捉到。《史记》记载："乃令天下大索十日。"——展开了全国规模的搜捕，但最终还是没有捉到。

这次行刺秦始皇是韩国宰相之子张良策划的，当然是为了报韩国被灭之仇。张良找来大力士，请他投掷铁锤袭击秦始皇。

秦始皇三十六年，有陨石坠落在东郡，上面刻着几个字："始皇帝死而地分。"

秦始皇震怒，派御史调查，但最终也没查出是谁干的。于是就把附近的居民全部杀死，并烧毁了那块陨石。

"真不吉利！"秦始皇怒吼道。

这位君临天下的皇帝气得眉毛抖动，肩膀哆嗦，口吐白沫。他经常发怒。郭沫若在历史小说中把秦始皇描写成一个癫痫病患者，也许确有其事。

秦始皇不想死，但从来没人能幸免。这是他唯一的烦恼。

秦始皇三十七年，他再次外出巡游。

左丞相李斯随行，右丞相冯去疾留守京城。秦始皇的亲属中，

　　只有末子胡亥陪同出行。这成了秦始皇最后的旅行。他在山东省平
原津病倒了。

　　他躺在病床上喃喃说道："我不想死！"

　　如果自己死了，那天下怎么办呢？

　　《史记》记载："始皇恶言死，群臣莫敢言死事。"

　　临终前，在秦始皇渐渐蒙眬的意识里，也许还惦记着长生不老
药吧。

　　"凭我的力量，莫非还是难逃一死吗？不知道徐福现在怎么
样了……"

　　秦始皇死于沙丘平台，享年五十岁——绝对算不上长寿。

丧心病狂的野心家

高乃与公子胡亥、丞相斯阴谋破去始皇所封书赐公子扶苏者，而更诈为丞相斯受始皇遗诏沙丘，立子胡亥为太子。更为书赐公子扶苏、蒙恬，数以罪，赐死。

——《史记卷六·秦始皇本纪第六》

　　司马迁在《史记》中生动地描写了各种不同类型的人。在读《史记》时，我分明能感受到作者看待历史人物的温和目光。

　　例如对于暴君秦始皇，司马迁没有直接谴责，而是引用了贾谊的《过秦论》进行批评。秦始皇虽然犯下了许多过错，但他统一中国的功绩是值得肯定的。

　　也许有人认为，书写历史不应该掺杂个人情感。可是，既然历史是由人创造的，主角是人，写历史就很难完全排除主观情感。

　　司马迁的笔触也时常慷慨激昂。他最同情的人也许是屈原——自己的劝谏不被采纳，反而受到责罚。这一点，司马迁和屈原何其相似，因此才会有共鸣吧。

　　对于《史记》中的大多数出场人物，即便不像对屈原那样深感同情，司马迁也会尽量采取宽容的态度。例如，写到苏秦这位阴险的权谋家时，司马迁甚至还为其辩护：苏秦之所以声名狼藉，是因为他的死对头张仪活得更长久、故意诋毁他的缘故。

　　然而，就连如此温和的司马迁，在写到以下这个人的时候，也毫不留情地大加谴责，认为此人无可救药。

　　这个人就是赵高。赵高是宦官，是秦始皇末子胡亥的老师。

　　一般来说，家中最小的孩子往往最受疼爱。秦始皇也十分疼爱胡亥，最后一次出游时还带上他同行。当然，秦始皇这样的人物决不会过分溺爱孩子，对于各个孩子的评价还是很公正的。他内心已经决定要把皇位传给长子扶苏。

扶苏虽然不甚可爱，但才能出众，在各方面都不会辱没继承人之名。焚书坑儒时，扶苏曾向父亲劝谏，但遭到了斥责，然后被送到了驻扎在上郡的蒙恬将军的军队里。乍一看像是流放边境，但秦始皇其实是想锻炼他。

秦始皇虽然一直念叨着"我不想死，我不想死……"但他自己也知道死期将近，所以开始准备后事——写遗书。盖上玉玺的遗书的收取人，就是指定的继位者。

遗书是给扶苏的，上头写着："与丧会咸阳而葬。"

秦始皇的遗体自然会运送回咸阳。他的意思是让流放至上郡的扶苏回咸阳主持葬礼。临终时，秦始皇身边只有三人——丞相李斯、宦官赵高、末子胡亥。

"现在怎么办呢？不如就……"赵高说着，做了个撕毁扔掉的手势，并来回看着李斯和胡亥。

【陈说】

《史记》指出此次人事变动是对进谏者的惩罚，但就当时的情况而言，倘若蒙恬谋反，秦王朝必定崩溃。一旦蒙恬联合匈奴南下，生气全无的秦王朝根本无力抵抗。

监督蒙恬将军是王朝重中之重。换个角度来看，秦始皇正是看中儿子的才能，才让其担负此重任。

但无论如何，此次扶苏的人事变动对于秦帝国而言，应该说是可悲的。

——陈舜臣《中国的历史·第二卷·万里长城》

【陈说】

伪造诏书一事，就赵高、当今的秦二世胡亥以及李斯三人知道，想必他们一辈子也不会透露出去。司马迁在《史记》中却说到了此事，那么他是怎么知道的呢？

或许秦始皇的诏书中指定的继承人本就是胡亥。换言之，有可能并没有伪造诏书这件事，世人喜欢受儒家思想熏陶、心怀慈悲的扶苏，于是才编出胡亥等人伪造诏书的故事来。

秦始皇喜欢的是反对儒家、主张为政者不可对百姓慈爱的《韩非子》，由此可以推断，扶苏并未当皇帝。胡亥的老师赵高教给胡亥的都是狱律令法，秦始皇认为

丞相李斯默不作声。胡亥急促地喘着气。

赵高又说："我们三人有着共同的利益关系嘛。"

能坐上二世皇位，胡亥当然没有异议。他也知道，虽然父亲疼爱自己，但对自己评价不高，所以早就放弃了继位的念头。

赵高是胡亥的老师。一直以来，胡亥对赵高言听计从。如果现在依言修改遗书、继承帝位，那这辈子在赵高面前就更是抬不起头来了。赵高则从此飞黄腾达，无异于把天下占为己有。

丞相李斯呢？他也是个野心家，想充分发挥自己的才干，所以希望能遇上一个傀儡皇帝。比起才能出众、抱负远大的扶苏，还是稍有些愚笨的胡亥当皇帝更为理想。因此，他犹豫了。

赵高低声说道："这里只有我们三个人。而且，天下人都知道扶苏被父皇疏远一事。所以，胡亥继位，不会有人起疑心的……"

这话抓住了李斯的心。稍过片刻，他终

于开口了："就这样办吧……"决心已定，他反而松了一口气。

就这样，二世皇帝被暗中掉了包。

但眼下还要除掉碍事之人，即贤能的扶苏及其后盾——拥有三十万大军的蒙恬将军。

撕毁秦始皇的遗书后，李斯和赵高还以秦始皇的名义伪造了一封诏书，发给扶苏和蒙恬。当然，隐瞒了秦始皇的死讯。

伪造的诏书大意如下：

扶苏与将军蒙恬率兵数十万驻屯边境十余年，未能向前进军，白白损耗兵力。没有立下半点战功，却屡屡上书直言，诽谤我之所为。而且，还因不能回京当太子而日夜生怨。如此不孝之子，当赐剑自杀！将军蒙恬与扶苏一同驻兵在外，却不知辅佐，如此不忠之臣，当赐死……

这封盖了玉玺的伪造诏书送到了扶苏手中。

接受法家教育的胡亥比扶苏更适合当皇帝，这也不是没有可能的。

——陈舜臣《中国的历史·第二卷·楚汉相争》

蒙恬劝道："这使者说不定是假冒的。就算是真的，也可以再请示一下，恳求陛下开恩呀。"

但扶苏却说："既然父亲赐儿子死，一定是有他的理由。还需要再请示吗？"说完自尽了。

秦始皇死于沙丘平台一事，只有上述三人和几名近侍宦官知道。他们把秦始皇的遗体装进"辒凉车"——这种车开有很大的窗口，闭之则温，开之则凉。然后让一名宦官坐进车里，代替秦始皇批奏和进食。同行的其他人并没发现异样。

一行人离开沙丘，经过井陉、九原，匆匆赶回秦都咸阳。

时值七月，天气炎热，从辒凉车散发出阵阵腐臭。赵高就令手下往每辆随行的车里装载三十公斤咸鱼，以此掩盖尸臭。回到咸阳后，他们才发布丧事。

俗话说：笨小孩才可爱。秦始皇喜欢胡亥，也是因为这儿子有些笨。赵高打算把傻子胡亥架空，自己掌握天下大权。

首先，他把有可能取代皇位的政敌——胡亥的兄长们一个个杀掉了。不光是兄长，就连胡亥的姐妹也难逃赵高的魔爪。

秦始皇有十二个儿子和十个女儿惨遭杀害。始于长子扶苏自杀的这一连串惨剧并不限于皇族，连秦王朝的顶梁柱——蒙恬、蒙毅兄弟也被杀了。百姓都认为，这是秦皇暴政的报应，并感觉到：秦朝天下不会太长久。

由于之前的管制过于严厉，稍有松懈，各地便纷纷起兵造反，以致天下大乱。其中，陈涉、吴广的起义军迅速发展到几十万人，被暴政压得喘不过气的百姓在各地杀死郡守和县令，与起义军形成呼应之势。

然而，秦二世胡亥却沉迷于观看戏剧、舞蹈和杂技，把朝政交由赵高打理。他公然宣称自己的人生意义在于："悉耳目之所好，穷心志之所乐。"——这是堕落的享乐主义。

有个官吏因公外出回来，报告说："陈涉造反军的人数越来越多了，事态严重。"胡亥闻讯大怒，下令把他关进监狱——因为叛军猖獗的消息很不中听。

其他官吏则说："那帮造反的家伙只是乌合之众，郡守正率兵追击，很快就能全部抓住的。小事一桩，请陛下不必担心。"胡亥听了很高兴，说道："太好啦，这才像话嘛。"

群臣都看赵高的脸色行事。但赵高仍然担心有人会违抗自己，于是决定测试一下。

他给秦二世献上一只鹿，说道："这是马。"

"丞相，你把鹿和马弄混了吧？"

"不会呀，这就是马。如果您不相信，可以问左右侍从。"

"哦……那我问问。"秦二世就一个个地问侍臣，"你说，这是马还是鹿？"

有人回答是马，有人回答是鹿，也有人默不作声。赵高一一记在心上。过后，随便找点什么口实把回答"是鹿"的人治罪。当时法律严酷，赵高耳目众多，要想诬陷一个人实在是太容易了。

有人认为，日语词汇"马鹿"[1]即来自这个典故。其实，中文里的"马鹿"意思和日语不同，而且使用更多的是成语"指鹿为马"。不过，"马鹿"也是一种很漂亮的动物。因此，关于日语"马鹿"一词的词源，认为它来自梵语mahallaka[2]的观点占了上风。

在汉语中，有时也用"马鹿不分"来形容秦二世这样的傻瓜，但"马鹿"并没有成为一个独立词。

总而言之，这位傻子秦二世把秦始皇的天下弄得乱七八糟。明眼人一看这局势就知道：天下未定。

秦始皇死后，若是扶苏继位，他开创的江山兴许还能勉强维持下去，可惜……

秦帝国是一个法治国家，所有机构都按法律规定而运行。所以，秦始皇坚信，在自己死后，秦朝天下还可以传至万世。

然而，法律的权威性又从何而来呢？当百姓接连听到秦始皇和扶苏的死讯时，心中不免掠过不祥的预感：莫非天下又要大乱了？

---

[1]　马鹿：日语中发音为 baka，意为傻瓜、笨蛋。

[2]　mahallaka：意为无知。

起义风暴的先驱者们

吴广素爱人，士卒多为用者。将尉醉，广故数言欲亡，忿恚尉，令辱之，以激怒其众。尉果笞广。尉剑挺，广起，夺而杀尉。陈胜佐之，并杀两尉。召令徒属曰：『公等遇雨，皆已失期，失期当斩。藉弟令毋斩，而戍死者固十六七。且壮士不死即已，死即举大名耳，王侯将相宁有种乎！』

徒属皆曰：『敬受命。』

——《史记卷四十八·陈涉世家第十八》

　　陈胜，字涉，原本只是个无名之辈。据《史记》记载，陈胜出生于阳城——位于现在的安徽省颍上市附近，靠近河南省东南部、湖北省东北部，在战国时期属于楚国领域。

　　陈胜爱说豪言壮语，但也并不全是空话。他的心理素质特别好，一旦决定要做的事，就会冷静地付诸行动。

　　陈胜是个贫农。如果是佃农，手头还有点儿向地主租借的土地。但他的境况比这还差，只能在农忙时期受雇于佃户，凭微薄的劳动收入过活。

　　有一次外出干农活，休息时，他走到田埂上，说道："喂，将来如果我变成有钱人、混出名堂了，绝不会忘了大伙儿哟！"

　　他的雇主嘲笑道："你这家伙，净会说大话！现在还在给人干农活，怎么可能变成有钱人、混出名堂呢？"

　　陈胜听了长叹一声，说出了那句经典的话："嗟乎，燕雀安知鸿鹄之志哉！"——像燕子、麻雀之类的小鸟，怎么会明白鸿雁的远大志向呢？他把自己比作了鸿雁。

　　"这家伙，又开始吹牛了……"

　　同伴们早已见怪不怪，没人搭理他。

　　秦始皇去世的第二年，陈胜乡里有九百个贫民被征调去渔阳军营。陈胜也在其中。他年轻力壮，被任命为"屯长"。渔阳位于北京东边的密云，现在是北京八区九县中的其中一县。

一行人来到邻近江苏和山东边境的大泽乡时，碰上连日大雨，道路损坏，无法继续前行。如果不能在规定期限前到达渔阳，将被视为违反命令，重则斩首，轻者也要被遣送到边境军营终身服役。秦帝国的法律可是以铁面无私而闻名的。

陈胜找来吴广商议道："如今逃跑也是死，举旗造反也是死。既然都是死，何不为创建自己的国家而死呢？""创建国家"——也只有常把豪言壮语挂嘴边的陈胜才能想出来。

吴广出生于阳夏，字叔，性格宽厚，待人和善，所以深得大家的爱戴和信任。陈胜找吴广商议，也正是看准了这一点。陈胜虽然性格果断勇敢，但总是给人一种冷酷凶狠的印象。他自己很清楚，虽然决心已定，但即便揭竿而起，恐怕也没什么人响应。如果和吴广一同举旗造反，相信很多人都会追随。

陈胜和吴广决定假冒扶苏和项燕的名义起兵。因为扶苏常劝谏蛮横的秦始皇，所以

【陈说】

将扶苏和项燕合在一处其实很滑稽。扶苏是秦朝公子，项燕却是秦朝仇敌楚国的将军，但有好名声这一点是相同的。借用《史记》的话说"从民欲也"——只是为了利用民间对这两人的信仰，至于是秦人还是楚人并不重要。

——陈舜臣《中国的历史·第二卷·楚汉相争》

深得民心，当时他的死讯还没有公之于众。项燕原是楚国名将，因体恤部下而闻名，眼下生死不明。

揭竿起义时还要借用别人的"口碑"，这也太投机取巧了。

陈胜和吴广找来占卜师算卦。占卜师说："此事虽能成，却须变鬼神。""鬼神"是指死人之意，所以占卜师的意思是：事成而身死。

占卜师说得比较委婉，碰巧陈胜和吴广也没什么学问，还以为"鬼神"是指吓人之物，只要唬住众人就行。于是他俩就用朱砂在绸子上写了"陈胜王"几个字，偷偷地塞进鱼腹中。厨子剖鱼看见时自然惊讶无比。吴广又躲在路旁的祠堂里，学狐狸的声音尖叫道："大楚兴，陈胜王！"路人听了都很害怕。

因此，起事之前，陈胜就已经备受瞩目了。这就是宣传的效果。

某日，陈胜和吴广杀死县尉，号召九百多名同伴起来造反。

陈胜的演说极富煽动性，其中有这么一句广为流传的话："王侯将相，宁有种乎！"——难道只有某个种族的人才能成为王侯、将军和宰相吗？大家都同样是人呀！现在就是各位立功扬名的好机会！

反正大家已经耽误了期限，肯定要被杀头的！这一恐吓也很有说服力。秦朝的法律极其严酷，一方面，可以统治国家；另一方面，人民被逼得走投无路，纷纷起来造反。秦帝国已经陷入了百姓的包围圈。

大泽乡这些走投无路的人愿意追随陈胜和吴广。起义军一开始只有九百人，但势力迅速壮大，攻打陈县时已经发展为几万人。确切地说，是看见手头有几万兵力所以才决定攻打陈县的吧。

起义军并没有明确的计划。他们全都豁出性命，依靠动物的斗争本能狂冲猛打。

陈县的郡守和县令都逃跑了。

按秦朝法律，不允许打败仗或当逃兵。所以，败退的秦军纷纷叛变，因为想着反正是死，还不如倒戈投敌……

天下再次大乱。

就像有人在充满煤气的屋子里点着了火一样，无论谁点火，都会爆炸。即使不是陈胜、吴广，也会有其他人率先起义，结果恐怕都是一样的。即使没有因下大雨耽误期限而发生大泽乡起义，也一定会有其他人登上舞台，扮演陈胜和吴广的角色。

陈胜开始时自称将军，攻占陈县后就自立为王了。之后，起义军不断壮大，各地民

【陈说】

就当时的情况来看，秦朝本就支撑不了多久，但如果没有陈胜举兵，汉是否能接替秦未可知。或者再晚十年，刘邦就年龄而言恐怕已经不适合争夺天下的霸业了——陈胜举兵的时候刘邦四十岁左右，精力正旺盛。从这个意义上来说，陈胜是汉王朝的恩人。

——陈舜臣《中国的历史·第二卷·楚汉相争》

众也纷纷杀死官吏，和起义军形成呼应。

有个名叫周文的人自称熟习兵法，被陈胜提拔为将军，但他其实只是个夸夸其谈之人。

失败从这里开始。

周文率数十万兵力西进函谷关，想袭击秦帝国的根据地，结果却被秦将章邯打得落花流水。章邯率领的秦军由被赦免的囚犯和奴隶组成。他们也同样怀着必死之念，打起仗来特别拼命。

而陈胜方面，从前的伙伴来投奔他，却因为言谈举止太随便而被杀，甚至连深得倚重的吴广也因"骄横而不懂用兵"而被杀了。此外，将军邓说被秦将章邯击败逃回来后，也被陈胜草率地处死。

见陈胜如此冷酷无情，大家就疏远了他。

起义军渐渐失去民心。

陈胜最后的结局也很悲惨。他身先士卒与秦军交战，结果被车夫庄贾杀害了。庄贾献上其首级，向秦军投降——距离陈胜自立为王仅仅半年。

陈胜给人一种感觉：盲目地乱闯乱撞，最终气绝身亡。但是，在他的刺激和煽动下，天下英雄豪杰纷纷涌现出来，推翻了摇摇欲坠的秦帝国。

最后的决战在项羽和刘邦之间展开。

天才将领与痞子英雄

秦始皇帝游会稽，渡浙江，梁与籍俱观。

籍曰：「彼可取而代也。」

梁掩其口，曰：「毋妄言，族矣！」

——《史记卷七·项羽本纪第七》

高祖常繇咸阳，纵观，观秦皇帝，喟然太息曰：「嗟乎，大丈夫当如此也！」

——《史记卷八·高祖本纪第八》

　　中国象棋和日本将棋很相似，都是以获得胜利为最终目的，对抗过程都是通过技战术进行表现。既有谋略主旨，又有战术手段。每一局都在咫尺棋盘上演绎着金戈铁马、兵戎相见。但中国象棋棋子较少，吃掉对方的棋子后也不能为己所用。中国象棋的棋盘中间有条分界线，上面写着"河界"或"楚河汉界"。

　　在中国，"吴越"这个词的含义跟日本的"源平 [1]"大致相当。但说起"吴越"，更常用于表示仇敌关系。吴国和越国曾经打得不可开交，但还不能说是争夺天下。要说到真正的争夺天下，当数秦末时期的楚王项羽和汉王刘邦。

　　下象棋时，每走一步都要计算得失——把这比拟成"楚汉"显然更为合适。"楚河汉界"因此成了象棋用语。

　　言归正传。

　　前文说过，被逼造反的陈胜、吴广在起兵时曾假冒声名显赫的扶苏和项燕。

　　关于这位深得民心的项燕，有人说是被秦将王翦杀死了，有人说是自尽了。项燕的末子名叫项梁，因杀了人而逃到长江下游地区，身边还带着他的侄子——项羽。

　　项梁很喜爱这个侄子，常教他习字和剑术，但项羽却无心于此。

---

[1]　源平：日本平安朝末期互相争夺政权的两大武士家族——源氏和平氏。

被责骂时，他就大言不惭地说："习字嘛，会写自己姓名就够了。剑术嘛，顶多只能砍杀一人，学了也没用。我想学能敌万人的本领。"项梁就教他兵法，但他也不肯认真钻研。

毋庸置疑，项羽是个天才式的将领，但他的战术并非来自书中，而是来自实战。

秦始皇巡游浙江时，在路边观看其队列的项羽说道："我要取而代之！"项梁急忙捂住他嘴巴。想取代皇帝，这么狂妄的话也敢说。如果传出去，会被满门抄斩的。尽管吓得直冒冷汗，但项梁同时也感到欣慰：这孩子将来一定有出息！

后来和项羽争夺天下的刘邦早年在咸阳服劳役时，也曾见过秦始皇出巡。当时，他感叹道："唉，大丈夫就该如此啊！"

自古以来，这两句话常常被作为这两位英雄的性格对比的例证。

秦末，陈胜、吴广起兵而致天下大乱时，会稽郡守殷通对项梁说："如今上天欲灭秦朝。有道是：先发制人，后发制于人。我们

【陈说】

这个故事或许是后人编造的，通俗而生动地表现了他们性格的不同。

——陈舜臣《中国的历史·第二卷·楚汉相争》

也趁早起兵吧。"

"好。"项梁表示赞同，但心里却另有打算：既然要起兵造反，我不如先下手为强。他给侄子使了个眼色。项羽立刻砍下殷通的头颅，夺取了郡守官印——手握官印，就能号令全郡。殷通的部下起初大为惊慌，一片混乱，项羽又连杀近百人，最后整个郡府的人都吓得趴在地上，没有一个敢站起来。

项梁向郡下各县发出通告：自己成了郡守，项羽是副将。就这样，叔侄俩从各县召集了八千精兵。

当时，秦将章邯已经把陈胜的起义军打得溃不成军。在广陵起兵响应的召平听说陈胜败退、秦朝大军来袭的消息后，心生一计——假托陈王之令，任命项梁为上柱国[1]，并委以重任："江东之地已经平定，请速带兵西进攻秦！"他想让项梁抵挡秦军，自己好趁机溜走。

项梁信以为真，奉命西进。在进军途中，不断收编各地军队，迅速发展为六七万人的大军。

这时，传来陈胜的死讯。

项梁听从老人范增的建议，找到楚怀王的嫡孙熊心，并用其祖父的谥号立为"楚怀王"。此前熊心一直流落民间，在给人放羊。

---

[1]　上柱国：军事武装的高级统帅。

前楚怀王因为不听屈原劝谏，被秦王囚禁、客死他乡，是个悲剧的君主。因此，楚国人只要一听到"楚怀王"的名号，就会情绪激动，对秦国充满仇恨。这次以"楚怀王"之名拥立新王，也是为了激起楚国人的仇恨，并将其转化为反秦的力量。

有一位叫南公的老人曾经预言："即使楚国只剩下三户人家，最后也一定会消灭秦国。"当时，这句话在民间广为流传。

项梁拥立楚怀王时，召集各路将领会聚于薛县。应召前来的将领当中，就有刘邦——后来成了汉高祖。

刘邦，沛县人。

沛县位于今江苏省铜山区的西北方。

《史记》说刘邦高鼻梁，细长脸型，有"龙颜"之貌，长须飘逸，左腿上有七十二颗黑痣。有趣的是，《史记》同时也记载了刘邦年轻时"好酒及色"。

众所周知，《史记》的作者是汉武帝时期的司马迁。既然是汉代著作，在写到汉朝

【陈说】

项羽出身名门，世代为将，尽管楚灭亡后，家道中落，昔日威风不再，但毕竟是名门之后。刘邦是沛县人，没有显赫的门第。《史记·高祖本纪》说他"父曰太公，母曰刘媪"。"太公"即"大叔"，"媪"即"大婶"，非古有名词。在刘邦为始祖的汉王朝的史料中，都没有明确记载其父母的名字，可见他是庶民出身。

——陈舜臣《中国的历史·第二卷·楚汉相争》

始祖时自然要笔下留情了。但即便如此，司马迁仍说他"好酒及色"，可见刘邦花天酒地的程度一定是非同寻常的，想掩盖也掩盖不了。

总之，刘邦是个神奇人物。他去哪家酒馆喝酒，那里就会顾客盈门，生意红火。那些客人不是他邀请的，而是自然会聚而来的。于是，老板娘把刘邦赊的账都撕掉了，不再向他讨账。

《史记》里说刘邦"仁而爱人，喜施"，可见他讲义气、人缘好。《史记》还说他"不事家人生产作业"——最讨厌像寻常人家一样从事劳作，是个游手好闲之徒。

刘邦壮年时当上了亭长。按秦朝规定，十里为一亭，十亭设一乡。亭长大概相当于街道居委会主任之类的职位吧。

刘邦当上亭长后，经常捉弄其他官员，而且依旧游手好闲，喝醉时往地上铺张包袱布，倒下就睡。

单父[1]人吕公曾住在沛县县令家中，县令为其设宴接风。一听说有贵客，沛县的头面人物都前往参加。当时主持接待客人的是在沛县担任主簿的萧何，因为来参加宴会的人太多，家中坐不下，于是规定：送贺钱不满一千的人，只能坐在院子里，不能进家门。

这时，刘邦大大咧咧地走进来，身上没带分文，只是递上一张名帖，上面写着"贺钱万"——就当作送上贺钱一万，当然是故弄

---

[1] 单父：今山东省菏泽市单县。

玄虚而已。然后，他就大摇大摆地走进屋里，而且坦然地坐在上座。真是厚颜无耻！

然而，贵客吕公仔细打量着刘邦的脸，说道："我喜欢看面相，给很多人看过，可是却从没见过像你这么富贵的面相。望善自珍重。我有个女儿，虽不太懂事，愿许配给你服侍左右。"

过后，吕公的妻子很生气，骂道："你老是说要让女儿嫁给贵人，上次连县令大人来提亲都拒绝了。现在竟然许配给那无赖刘邦？"说着，她几乎要扑上来揪住吕公。

吕公却不理睬，只说道："妇孺之辈懂什么！"然后就把女儿嫁给刘邦了。

秦始皇统一天下后，经常发现东南方有"天子之气"，非常担心："真是岂有此理，天下应该只有一位天子才对呀，自己明明身在咸阳……"为了压住这"天子之气"，他亲自东游。

刘邦却心想："'天子之气'一定是我带来的。"于是逃进山里躲了起来。可见，他是个极其自负之人。

据说虽然刘邦躲在山里，但他的妻子却总是能随时找到他。

刘邦奇怪地问她："你是怎么找到我的？"

妻子回答道："你所在的地方上空经常有云气，所以一看就知道。"

于是，刘邦更加自信了："果然……嗯，一定没错！"

陈胜和吴广起义时，沛县也动荡不安。深得民心的刘邦在众人的拥护下起兵造反。部下主要有：在当地官府任主吏掾的萧何、狱吏曹参、以屠狗为业的地痞樊哙。他们先杀了身为秦朝官吏的县令，召集来当地年轻民众两三千人，然后起兵。在每次进攻和战斗中，兵力逐渐增加。

起义军主力项梁在薛县时，刘邦率百余骑兵前往拜见。项梁给了刘邦五千兵卒和十名将领。

这是秦二世二年（公元前 208 年）四月的事。当时，项羽任项梁的副将。

就这样，楚和汉作为同一阵营中的双雄，揭开了倒秦之战的序幕。

大秦落日与楚汉风云

项王军壁垓下，兵少食尽，汉军及诸侯兵围之数重。夜闻汉军四面皆楚歌，项王乃大惊曰：『汉皆已得楚乎？是何楚人之多也！』项王则夜起，饮帐中。有美人名虞，常幸从；骏马名骓，常骑之。于是项王乃悲歌慷慨，自为诗曰：『力拔山兮气盖世，时不利兮骓不逝。骓不逝兮可奈何，虞兮虞兮奈若何！』歌数阕，美人和之。项王泣数行下，左右皆泣，莫能仰视。

——《史记卷七·项羽本纪第七》

　　陈胜死后，起义军的核心人物成了项梁。但项梁骄傲轻敌，在定陶被秦军击败，死于混战之中。而项羽和刘邦一起攻下了城阳，在雍丘斩杀了秦朝郡守。

　　楚怀王 [1] 与众将约定：先入关中者为王。

　　"关中"指的是东起函谷关西至散关之间包括秦都咸阳在内的地区。

　　较量开始了。

　　项羽虽然战斗力强，但性格残暴，不得人心。民间甚至流传着这样一种说法——项羽的军队所过之处寸草不生。

　　楚怀王的亲信似乎也不想让项羽赢得这场较量，故意给刘邦选了一条有利的进攻路线。

　　秦都咸阳里是怎样一番情形呢？

　　奸臣赵高正在谋划杀死秦二世。在暴政压迫下，民众的怒火已经不仅仅停留在冒烟阶段了，而陈胜、吴广起义掀起了反抗的烈焰。赵高想把民众的怒火转嫁给秦二世，自己好借机逃跑。他把杀死秦二世的任务交给女婿阎乐。阎乐率领一千多名吏卒闯入宫廷。

　　秦二世大怒，想召集左右侍从救驾。但侍从们都惊慌失措，无

---

[1]　楚怀王：此处指后楚怀王熊心。

心恋战。只有一名近侍宦官跟随在秦二世身边。

秦二世对他怒吼道："局势如此危急，为什么不及早通报呢？"

那名宦官冷笑着说："正因为没有通报，我才能活到今天。要是早通报的话，恐怕早就被以造谣之罪杀掉了吧……"

这真是辛辣的讽刺啊！

阎乐对秦二世逼迫道："你骄横专断，滥杀无辜，所以全天下都起来反抗你。你还是自行了断吧！"

秦二世大惊，说道："我要见赵高丞相！"

阎乐喝道："不行！"

"那给我一个郡，让我当王吧。"

秦始皇把天下分为三十六郡。秦二世恳求让他当一郡之王。

"不行！"

"那让我做个万户侯吧。"

万户侯是指收取一万户税赋的诸侯。从皇帝降为王，从王降为诸侯，只要能活命，秦二世也愿意。

"不行！"

"那至少能让我和妻儿一起做平民百姓吧……"

阎乐又再次喝道："不行！"

秦二世自知无望，自杀了。

赵高另立颇得人心的子婴为皇帝。

　　子婴是秦始皇长子扶苏之子。当年扶苏的自杀曾令人扼腕叹息。赵高的想法和起义军不谋而合——消灭秦朝，自立为王。但子婴并不是秦二世那样的傻子。他先发制人，杀了赵高，并诛其满门。

　　子婴即位后第四十六日，刘邦攻入武关，来到霸上，派出使者劝降。

　　子婴将丝带系在自己脖子上，乘白马素车出城投降——颈系丝带意为请罪，乘白马素车则是丧事的象征。

　　就这样，刘邦兵不血刃地进入了咸阳城。

　　好色的刘邦看见后宫的三千佳丽，不由得垂涎三尺："哈哈，现在都归我啦！"她们可是秦始皇从天下美女中精挑细选出来的尤物。

　　樊哙和张良劝谏道："不可！"

　　秦朝之所以失去天下，正是因为失去了民心。欲取天下，必须先得民心。如果现在为后宫这三千佳丽而神魂颠倒，那跟秦朝的暴君又有什么区别呢？民众一定会大失所望。

　　刘邦当然也明白此中道理。

　　"既然如此，那就算了吧，虽然有些可惜。"

　　刘邦没碰后宫美女，并下令封存收藏财宝的府库，然后还军霸上。召集当地的名士，并和他们约法三章：杀人者死，伤人及盗抵罪。其他秦朝的苛刻法制一律废除，这使他得到了民心支持。刘邦有十万兵力，号称二十万——按当时惯例，对外宣称的兵力一般是实际的两倍。项羽有四十万大军，号称百万。

听到刘邦先入关中的消息时，项羽气得咬牙切齿。

项羽率军驻扎在鸿门。

军师范增对项羽劝说道："刘邦原本是个贪婪、好色的无赖之徒。但我听说，他这次入关中时既不抢夺财物，也不亲近女色。由此可见，他的志向不小啊！我曾让人观其云气，说是呈龙虎之状、五彩斑斓——这可是天子之气呀！必须尽早进攻消灭他。"

项羽答道："这样啊……那就这么办吧……"

项羽的叔父项伯在旁听到，心想："得赶快告诉张良才行。"

张良曾雇请力士在博浪沙投击铁锤行刺秦始皇。他是前韩国宰相之子，现在担任刘邦的军师。项伯从前杀了人，因得张良相助而获救。从那以后，两人便有来往。

项伯心想："项羽出动四十万大军，定能轻易击溃刘邦的十万军士。刘邦的性命倒无所谓，但我的恩公张良也在其阵中，万一受牵连而被杀可就糟了。"于是他就偷偷告诉了张良。

当然，张良立刻向刘邦报告了。

刘邦吓得慌了神，连忙和众人商议对策，最后决定前往鸿门军营拜会项羽，表明心迹。

这就是历史上有名的"鸿门宴"。

被项羽尊称为"亚父[1]"的范增坚持杀掉刘邦。但项伯一心想救张良，就劝项羽道："如果不是刘邦先攻破关中，你也不能轻易进入吧。杀有功之人是违反道义的。"

项羽性格也比较豪爽，就答应放过刘邦。

次日，刘邦率百余骑兵来拜见项羽，态度极为恭谦。

在宴席上，项羽和项伯面朝东而坐，范增朝南，刘邦朝北而坐，张良面朝西陪侍。

范增给项羽使眼色，并多次举起身上佩戴着的玉玦，暗示说：现在动手吧！

"玦"与"决"同音，范增是在催促项羽做决断，但项羽却默不作声。

范增起身走出去，唤来项羽的堂弟项庄，吩咐道："我们大王心肠太软，不忍心自己下手。你一会儿进去，行过礼，就说给大家舞剑助兴，趁着舞剑的时机把刘邦刺死。否则，你们整个家族将来都会成为刘邦的阶下囚。"

项庄按照吩咐走进宴席，表示庆贺，然后说："我来舞剑助兴吧！"随即拔剑起舞。

---

[1] 亚父：仅次于父亲之意。

项伯发现项庄舞剑时杀气腾腾，于是自己也拔出剑来一同起舞。

表面看起来是双人舞剑，其实项伯是在暗中掩护刘邦，故意阻挡项庄的剑。

张良行至军门，碰见樊哙。

樊哙问道："今天情况如何？"

"非常危急。项庄拔剑起舞，想伺机刺杀主公。"

"这太危险啦！"

说完，樊哙提着剑和盾闯入军门。守兵上前阻拦，却被力大无双的樊哙用盾击倒在地。

樊哙闯进来，掀开帷帐，面朝西而立，狠狠地瞪着项羽，怒发竖起，目眦尽裂。

项羽按剑挺身问道："你是什么人？"

樊哙大声答道："我是沛公的护卫樊哙！"

项羽心下畅快，微笑道："好一位壮士。赏他一大杯酒！"

樊哙接过斟满酒的大杯，站着一饮而尽。

项羽又说："给他猪腿肉！"

樊哙把盾放在地上，把生猪腿肉放在盾上，用剑切开，大口大口地吃了起来——对于屠户出身的樊哙来说，这可是拿手好戏。

项羽问道："壮士，还能再喝吗？"

"我连死都不怕，更何况喝酒！"

樊哙一边喝酒，一边历数刘邦的功绩，为先入关中而辩解，并断言道："杀死有功之人，不就像秦王那种虎狼之辈一样吗？"

刘邦趁如厕之机溜走了。但逃跑前，他还有些犹豫："不辞而别似乎不太好吧？"

樊哙高声说道："大行不顾细谨，大礼不辞小让。"意思是：做大事不必拘泥于小节，行大礼不必过于谦让。

樊哙接着又说："人为刀俎，我为鱼肉。还管他什么礼节呢！"

于是，宴席那边交给能言善辩的张良应付，刘邦则抄小路返回霸上。行程二十里——当时的一里约等于四百米，二十里也就是八千米多。张良估计刘邦回到霸上了，就给项羽献上白璧，给范增献上玉斗[1]，并说道："沛公喝醉了，不能当面告辞，所以让我替他……"

项羽问道："沛公现在在哪里？"

战国时期的宴会氛围比较轻松，可以中途如厕或更衣。但即便如此，刘邦也离席太久了。

张良答道："现在已经回到霸上了吧。"

过后，范增把受赠的玉斗摔在地上，拔剑砍得粉碎，并叹息道："唉，竖子不足与谋！夺项羽天下的一定是刘邦。我们这帮人很快

---

[1] 玉斗：玉制的酒器。

就要成为阶下囚了！"

"竖子"指的是项羽。

刘邦虽然先入关中，但不得不暂时撤退。毕竟自己只有十万兵力，而项羽有四十万大军。

而项羽接替刘邦入主关中后，下令打开刘邦封存的秦朝国库，引兵屠戮咸阳，抢夺财宝，劫掠美女，并放火烧毁宫殿。据说咸阳城一连烧了三个月。

当初向刘邦投降而活命的子婴，也被项羽杀掉了。

就这样，项羽失去了民心，在夺取天下的较量中犯下了重大失误。而项羽本人却并未意识到这一点，这正是他的悲剧所在。

手下有人劝项羽道：关中地势险要，如果在这里建立大本营，就可以号令天下，自古有许多王者都是这样做的。

但项羽却摇头说道："富贵而不回故乡，就像穿着锦绣衣裳夜行一样，没人知道。我要东归故乡。"

有人听了这话，嘲笑道："我听说楚人就像猕猴戴着帽子一样，原来果然如此。真是庸俗不堪。""楚人"当然是指项羽。

这话传到项羽耳朵里。项羽就把那人抓起来，扔进锅里施以烹刑。

项羽经常意气用事，像个稚气未脱的小孩。

关于秦朝灭亡后的处置，反秦起义军名义上的统帅——楚怀王指示道："就按当初约定的那样办。"

项羽颇为不满：自己想回故乡，但又不愿按约定把关中让给刘邦。

项羽把楚怀王尊奉为"义帝"——从王升为帝，以便自己可以称王。他自立为"西楚霸王"。刘邦被封为"汉王"，但领地却是巴蜀。

"巴蜀也属于汉中。"项羽想出了这个牵强的借口，然后把重要的关中地区分为三块，分给自己麾下的几位功臣。

项羽心想："因为义帝在，论功行赏还要有诸多顾忌。"后来干脆暗中派人把义帝杀掉了，然后肆无忌惮地把重要的领地封给自己的直系部下。当然，这样做也引起了其他起义军的不满——齐、赵等地的诸侯起兵造反。项羽北上讨伐，烧毁齐国房屋，把投降的士兵全部活埋杀死，还将掳掠的男女老幼全部迁往北海，导致死伤无数。

各地军队纷纷起来造反。项羽不得不东奔西走，到处镇压。

趁着这个时机，刘邦吞并了关中，并致信给项羽，解释说："我只是按照约定获得整个关中地区，不敢再有别的非分之想。"

然而，双雄对决终于不可避免。

项羽在彭城之战取得大胜。汉军败退，十多万士兵掉进了睢水，尸体成山，据说连河水都被堵住了。

刘邦被重重包围。这时，可谓天佑神助，幸运地刮起了大风，刘邦才趁机逃走。楚军在后面穷追不舍。眼看快被追上时，刘邦把身边的长子和长女推下车去，想减轻负担以加快车速。

夏侯婴摇头叹道："哎哟，竟有这么狠心的父亲呀！"连忙把姐弟俩捡起来，放回车上。

这一轶事在《史记·项羽本纪》有记载，但在讲述刘邦的《史记·高祖本纪》里却隐去了。毕竟为了自己逃命而抛弃子女并不是什么光彩的事情。《史记》的作者司马迁在写到某个人的负面丑闻时，常不放入其本人传记，而是尽可能安排到其他章节去。可见司马迁是一个内心温厚之人。

却说刘邦东奔西逃，到了荥阳才终于稳住阵脚。但不久粮道被断，只得向项羽求和。

当初在鸿门宴时就主张杀掉刘邦的范增反对议和，他劝道："如果现在不除掉刘邦，将来一定会后悔的。"

对于刘邦来说，范增成了眼中钉，于是决定使计离间项羽和范增的关系。

刘邦见项羽的使者来到，就摆出丰盛的筵席，而后又故作惊愕地说道："咦，我还以为是亚父的使者呢，原来是项王的使者。那就不好意思了。"随即撤掉了满桌盘盏，换了些粗茶淡饭出来招待。

使者大怒，回去报告项羽。

头脑简单的项羽开始怀疑范增，逐渐撤销了他的职权。

范增没有想到项羽竟然会猜忌自己和刘邦有勾结，无比愤懑地说道："天下大势已定，你们好自为之吧。我就此归隐去也。"随后离开了荥阳。

也许是积郁成疾，没过多久，范增就因为背上长毒疮而死掉了。

正如范增所言，被困于荥阳的汉军犹如风中之烛，项羽几乎已经铁定夺得天下了。

刘邦想做出最后一搏——拼死突围。他手下的将军纪信乘坐着帝王专座的黄屋车，竖起汉王之旗，一边驶出城外，一边大声叫唤："城中粮食已尽，汉王投降！"

趁楚军出来观看时，刘邦率几十骑人马从西门逃出，奔往成皋。项羽把伪装成刘邦替身的纪信烧死，然后又派兵追击至成皋，重重包围。

这次，刘邦仅和夏侯婴两人逃出，渡过黄河，前往修武。项羽本想继续追击，但收到报告说：属于自己地盘的东阿遭彭越[1]的军队突袭，于是只得调兵前往东阿。而刘邦渐有转机——得到韩信的军队，并趁着项羽东征时夺回成皋，进驻广武山，确保了兵粮来源。

击退了可恶的彭越后，项羽又急匆匆地折回来，对付屯驻在广武山的汉军。但败退的彭越却率余部屡次骚扰项羽军队后方，断其粮草。

就这样，两人对峙于广武，相持了几个月。"天下"近在眼前，却又迟迟不能到手，这让项羽焦急万分。他抓住来不及逃跑的刘邦

---

[1] 彭越：与韩信、英布并称汉初三大名将，西汉建立后封为梁王。

父亲，搁在一块大案板上，扬言道："喂，如果再不投降，我就把你父亲煮来吃掉！"

刘邦答道："我和项羽作为臣子受命于怀王，结为兄弟之盟。我父亲也就是你父亲。如果你要把父亲煮来吃，记得分一杯羹给我呀！"

项羽大怒，要杀掉刘邦父亲时，被项伯劝住，这才作罢。

性急的项羽向刘邦约战："天下动乱全是我俩的缘故，现在你我就来决一胜负吧。不要再让天下人受苦啦。"

刘邦却回答道："以力气论输赢？这也太可笑了吧。如果是比智慧的话，我倒乐意奉陪。"

当时，韩信平定了河北，并向项羽的根据地进兵。而彭越的军队余部也频繁偷袭。

项羽腹背受敌，又粮草不继，于是决定送还刘邦家眷，和刘邦达成了楚汉和约，以鸿沟为界，平分天下：鸿沟以东归楚，鸿沟以西归汉——"鸿沟"是指流经河南郑州和开封之间的汴河，即现在的贾鲁河。

订约之后，项羽撤兵东归。

刘邦也想撤兵西归，但张良和陈平却劝阻道："如今，汉王已经占据大半天下，又得到各诸侯的拥护。而楚军将士疲惫，粮食匮乏。这正是上天亡楚之时。不如趁现在消灭它，以免养虎为患！"

于是，刘邦以许诺分封领土为条件，请各诸侯出兵，在垓下包围了项羽的军队。据说，垓下位于现在徐州东南边约八十公里的灵璧县附近。项羽下令修筑壁垒坚守，但被汉军及诸侯军重重包围，兵力不足，粮草将尽。

夜里，四周传来楚歌声。

项羽叹道："啊，难道我的故乡已经完全被汉军攻占了吗？怎么敌营中有这么多楚人呢？"

后来，人们就用"四面楚歌"来比喻陷入四面受敌，到达孤立无援的窘迫境地。

已经无路可逃了。

项羽阵中有两件最心爱之物——一件是虞姬美人，另一件是乌骓名马。

在最后的宴席上，项羽作诗吟唱道：

力拔山兮气盖世，
时不利兮骓不逝。
骓不逝兮可奈何，
虞兮虞兮奈若何！

项羽反复吟唱，虞姬也在旁唱和。

英雄项羽的脸颊上闪动着泪光。左右侍从也都低头落泪。

项羽率领八百骑勇猛的壮士，趁着夜色突出重围，逃往南方。汉军发现后，派骑兵将领灌婴率五千骑兵追击。

项羽渡过淮河时，手下只剩了百余人。他骑在马上，喃喃说道："是天要亡我，并非我无能。我率兵起义后打过七十多仗，从来未尝败绩！"——似乎是自言自语，又像是对部下夸耀。

行至乌江边时，当地的亭长已经备好船只在等候。他劝项羽道："大王，江东虽小，但足以自立为王。眼下，江上只有我这一条船。请大王渡江。"

项羽却笑着答道："天要亡我，我渡江又有何用呢？当年我带领八千江东子弟渡江西征，现在却没有一个活着回来。即使江东父老出于怜悯而立我为王，我又有何面目再回去见他们呢？即便他们不责怪我，我也觉得于心有愧。"

项羽将心爱的乌骓马送给这位亭长，然后毅然冲入追击而来的汉军阵中战死。

【陈说】

项羽认为垓下战败不是自己的过错，而是时运不济，连骏马都不走了。他把失败归咎于其他因素。乌江自刎前，他呼喊着"天之亡我"，而非七十战连战连胜的自己的懦弱。

——陈舜臣《中国的历史·第二卷·大风歌》

就这样，在楚汉争霸战中，刘邦赢得了最终的胜利。

刘邦以诸侯之礼厚葬项羽，并在墓前痛哭，以表哀悼之意。

项羽的满门族人都被赦无罪，而项伯则被封为射阳侯——他曾在鸿门宴中搭救刘邦、在广武山上项羽欲杀刘邦之父时出言劝阻。

中国再次实现了统一。

这是公元前 202 年，秦始皇死后第八年。

从高祖创业到吕后时代

酒酣，高祖击筑，自为歌诗曰：『大风起兮云飞扬，威加海内兮归故乡，安得猛士兮守四方！』令儿皆和习之。高祖乃起舞，慷慨伤怀，泣数行下。谓沛父兄曰：『游子悲故乡。吾虽都关中，万岁后吾魂魄犹乐思沛。且朕自沛公以诛暴逆，遂有天下，其以沛为朕汤沐邑，复其民，世世无有所与。』

刘邦初入关中时，曾与当地百姓约法三章："杀人者处死刑；伤人者治罪；盗窃者治罪。"除此之外的其余法律全部废除。

秦是法治国家，法律规定涵盖各个方面，而且通过严酷刑罚强制人们遵守。秦二世时期，赵高更是加重了处罚力度，并强化连坐制度。人们被法律束缚得无法动弹，每天过得提心吊胆，一听到"法律"就浑身发抖，随时担心自己因触犯法律而受到重罚。所以，刘邦推行的约法三章很受欢迎。

刘邦称王五年时，击败项羽，在各诸侯以及将相群臣的拥护下称帝——是为汉高祖。这是公元前202年的事。

起初刘邦定都洛阳，后来在张良等人的劝谏下迁都长安。

当时还延续着战国时期骚乱不安的氛围。而刘邦本来就是个无赖汉，所以时不时会暴露出本性。例如，他曾经往儒生的帽子里撒尿。他建立起来的王朝，自然也风气不正。群臣在宫殿里一边饮酒，一边夸耀自己的战功：

"那次要不是我火速赶来参战，就没有今天的汉王朝！"

"哼，当时我正守护在主公身边呢，你来不来都无所谓。你这家伙也太自以为是了！"

众人争吵不休，甚至怒而拔剑砍在宫殿柱子上，简直大失风度。当然，活力还是有的。

刘邦曾这么总结自己夺取天下的原因：

夫运筹策帷帐之中，决胜于千里之外，吾不如子房。镇国家，抚百姓，给馈饷，不绝粮道，吾不如萧何。连百万之军，战必胜，攻必取，吾不如韩信。此三者，皆人杰也，吾能用之，此吾所以取天下也。项羽有一范增而不能用，此其所以为我擒也。

以曾受胯下之辱而闻名的韩信起初追随项羽，但只是个下级将领。后来转投刘邦麾下，他的才能受到重用，被任命为大将——这就是用人之道的差别。

在楚汉争霸战当中，韩信起了决定性作用，是汉阵营军事方面的最高功臣。和萧何、曹参、樊哙、周勃等人不一样，韩信并非刘邦的同乡直属部下，所以他的家臣意识比较淡薄，看起来显得骄横自大。而且，韩信因过失而从"王"降为"侯"，自然心怀不满。

后来，韩信勾结陈豨企图谋反，被抓住处死。紧接着，梁王彭越、淮南王黥布、燕王卢绾纷纷起来造反，但最终都失败了。

【陈说】

《史记·淮阴侯列传》称，陈豨前往北方边境时，韩信曾与其密谋造反——高祖亲征，韩信称病未跟随，却与陈豨秘密联系，欲在宫中杀害吕后和太子。此事遭舍人之弟告密，萧何用计把韩信诱骗并斩首。

韩信小心谨慎，他会把谋反这种绝密之事透露给舍人之弟吗？或许是萧何和吕后觉得军事天才韩信是个危险人物，必须尽快除去，否则将危及汉家天下，因而给他扣上谋逆之罪，至于证据，只有那个姓名不详的舍人之弟的密告，且韩信没有申辩。可见，这是暗害。

——陈舜臣《中国的历史·第二卷·大风歌》

　　秦始皇认为诸侯的存在导致了春秋战国动乱频繁、民不聊生，所以他不封王侯、不分领土，完全实行中央集权制，全国各地的高级官僚都由中央任命。但秦帝国很快就灭亡了。

　　于是有人认为：之所以如此不堪一击，正是因为没有设置藩屏的缘故吧；如果各地册封了王侯，就一定会拼死镇压叛乱军的。

　　汉王朝虽然在原则上继承秦朝的中央集权制，但也分封了一部分有领地的王侯。相对于秦朝的"郡县制"，汉初实行的是"郡国制"。

　　然而，后来渐渐发现，韩信为首的被封为"王"的功臣们缺乏忠心。所以，再后来就只有皇族才能封王。

　　汉高祖晚年时，有十位封"王"之人——他们的领地被称为"国"。其中，除了长沙王吴芮之外，其余九位都是皇族。1972年出土的长沙马王堆汉墓文物上有"轪侯"字样——"轪侯"是长沙王吴芮手下的丞相。

　　功臣们被封为"侯"，比"王"低一级。连萧何、张良这些高层元老也只有一万户领地，而上述那位轪侯只有七百户。

　　刘邦在征讨黥布的叛军途中，顺路回到故乡沛县，设宴十余日，把旧时好友和父老乡亲都请来开怀畅饮。刘邦还让一百二十个孩童组成合唱团，教他们唱自己创作的歌谣。

　　歌词如下：

大风起兮云飞扬，

威加海内兮归故乡，

安得猛士兮守四方！

此处的"大风"指的是刘邦自己。歌词大意为：我汉兴起，云彩飞扬；光芒辉耀，荣归故乡；愿得天下猛士，为我守护四方。

把这首歌和项羽那首"力拔山兮气盖世"稍做比较，也颇有趣。

项羽自诩力能拔山、勇气盖世，这点和刘邦自比为"大风"很相似。刘邦还提到"猛士"——因为他知道，光凭自己的力量是无法打天下的。

项羽却认为，凭一己之力可以打天下，当四面楚歌、败局已定时，还吟唱着"时不利兮"——归咎于"时运"不济。最后，项羽在乌江边对亭长说"天要亡我"——把自己失败的责任推给了"天"。可见，项羽有一种唯我独尊的意识，认为"我"神圣不可侵犯，无论谁都不能和自己平起平坐。

杰出人物的出现会削弱自己的光芒，这是决不能容忍的。因此，项羽妒忌能人，憎恶贤者，经常迫害有功之臣，而把战功据为己有。

这样的领导者手下是不会出功臣的，即使立功也得不到承认，所以手下都一个个叛变了。连范增也因为遭怀疑而离去，途中积郁身亡。

对于投降的士兵，项羽也不肯饶恕，将其活埋，所以无论谁与他交战，都一定会拼死抵抗。这样，反而使对方越战越勇。既然不能服众，后方必定叛乱四起，使项羽疲于应付。

和项羽不同，刘邦知道自己能力有限，所以总是谦虚地招募"猛士"，求贤若渴——这种心情在《大风歌》里也能体现出来。

刘邦和少年们齐声合唱，载歌载舞，渐渐感伤落泪。

他慨然说道："游子悲故乡。我虽定都关中，但将来死后，我的魂魄还是会思念故乡的。我要赐予沛县父老乡亲以特权——今后世世代代不必再纳税服役！"

沛县百姓大喜。同时，他们还请求将同样的恩典赐予丰邑——丰邑和沛县相邻，两地关系特别亲近，有许多人互为姻亲。

刘邦说道："丰邑也是我的生长之地，尤为难忘。但当初丰邑人追随雍齿叛变了我，所以不能赐予恩典。"

刘邦还是很爱记仇的。不过，在沛县乡亲的恳求下，刘邦最终答应把丰邑的赋税徭役也免除掉了。

当年，刘邦起兵时，曾派沛县豪族雍齿守卫丰邑。但出身不同的这两人却根本合不来。

当魏国拉拢雍齿加入自己阵营时，雍齿思忖："与其投靠刘邦这样的无赖，还不如……"于是就率领丰邑的年轻人转投魏国，背叛了刘邦。然而，各路人马聚散离合，雍齿所属的军队最终归附了汉，雍齿也成了他所憎恶的刘邦的手下将军，并且在多次会战中立下赫赫战功。

刘邦刚夺取天下、都城还在洛阳的时候，政局不稳，群臣人心浮动。刘邦从宫殿上一眼望去，只见将军们都三五成群地坐在沙地上窃窃私语。

刘邦问张良道："他们在说些什么？"

"啊，陛下难道不知道吗？他们正在密谋造反呢。"

"什么？如今天下安定，为什么要谋反呢？"

"唉，他们也有各种担忧呀——比如，自己的功劳能得到承认吗？有领地或俸禄吗？自己会不会因为往日的过失而被处死呢？……"

"那我应该怎么办？"

"请问，在群臣之中，陛下最憎恨谁呢？——最好是人尽皆知的。"

【陈说】

吕后死后，反吕集团发动政变结束了吕后时代。这十五年看似动乱，但只是杯子里的风暴。宫廷里权力斗争异常激烈，但百姓并未卷入其中。诚如司马迁所言，百姓远离了秦朝的残酷政治，得以休养生息。

这段时期没有战争，实在有些不可思议。尽管匈奴也曾几次侵犯北方边境，但都没有发生战争。

——陈舜臣《中国的历史·第二卷·吕后时代》

"我最恨雍齿。这家伙在我最落魄的时候背叛了我。我本想杀掉他，但念在后来他立过许多战功的分儿上，所以才不忍下手。"

"那就先给雍齿封侯吧。"

就这样，雍齿被封为什方侯，俸禄二千五百户。

连皇帝最憎恨之人都被封侯，于是群臣这才放下心来，不再为自己而担忧。

这固然得归功于张良的劝谏，但也由此可见刘邦的英明。

项羽把一切都归咎于天，而刘邦归咎于天的，只是自己的寿命。

刘邦重病在床，吕后请来名医。但刘邦却说道："命定于天，无论哪个名医也治不好我的。"给了那名医五十斤黄金，将他打发走了。

公元前 195 年，刘邦——汉高祖在位十二年去世，享年六十二岁。

汉王朝的开创者刘邦死后，他的遗孀——吕后掌握了天下大权。

吕后是个残忍狠毒的女人。

吕后把刘邦生前宠爱的戚夫人砍断手脚，挖掉眼睛，熏聋耳朵，毒哑喉咙，扔进茅厕里，称为"人彘"。这事传得沸沸扬扬。

吕后让儿子惠帝看这个古怪之物。惠帝看了后，深受刺激，在病床上躺了一年多。这位没出息的第二代皇帝对母后说："这简直不是人干的事。作为您的儿子，我没有信心统治天下。"

惠帝从此沉溺于酒色，即位七年就死了。

吕后不仅对情敌实施残忍的报复，甚至因此害死了自己儿子。在儿子的葬礼上，吕后依照礼法大声哭泣，却没掉一滴眼泪。

惠帝没有儿子。吕后就让惠帝的夫人假装怀孕，然后自己偷偷从别处弄来一个刚出生的婴儿，并杀死其亲生母亲。

吕后想立这个小孩为第三代皇帝，以便自己在背后操纵。但这个小孩不知从哪里听说了关于自己身世的秘密，他发誓："我长大了一定要为母亲报仇。"

于是吕后杀掉这个傀儡，另换了一个小孩。宫廷的主要职位全都被吕氏家族霸占——这可算"篡位"了吧。

然而，刘邦原本是个来历不明的无赖汉，而夫人这边的吕氏家族却是名门望族。刘邦与吕氏成婚等同于入赘女婿。刘邦起兵时，从吕氏那里获得了相当大的援助。

既然是入赘女婿，那么夺取天下的第一代皇帝刘邦死后，由吕氏继承，大概也不能算是篡位吧。

然而，吕后一死，天下重又回到了刘氏手中。吕氏家族的所有人——不分男女老幼，全都在宫廷政变中被杀死了。

群臣聚集起来商议决定：从各地封王的刘邦子孙当中选出下一任皇帝。

汉高祖有八个儿子，吕后只生了惠帝一个儿子，其余七人是其他皇妃所生。

按长幼顺序来说，应该从长子一族中挑选。长子悼惠王已死，他的儿子是齐王。

然而，群臣们却商定了另外的选拔标准：要视外戚品行善恶而定。

齐王的舅父驷钧为人残暴，淮南王的母家也并非善类……最终，选定由刘邦的第四子——代王刘恒即位。理由是代王的母亲薄氏家族品行温良。可见，汉朝的这些大臣被吕氏夺权给吓怕了。

其实，也可以把代王刘恒看作第二代皇帝。司马迁《史记》就是采取这种方法。刘恒在位二十三年间，天下太平，是为汉文帝。

汉文帝死后，儿子刘启继位，是为汉景帝。

汉景帝时期，为了强化中央集权，下诏削减诸王封地。吴楚七王起兵反叛，但很快就被镇压了。

如前所述，汉朝吸取了秦朝失败的经验教训，把不设领主的纯郡县制改为承认小领主的郡国制。功臣的领地也很小，即使封王也不过相当于村支书级别而已。成为藩屏的皇族领主倒是比较大，但经过吴楚七国叛乱之后，也被大大削弱了。

武帝天下与史家绝唱

仆窃不自料其卑贱，见主上惨悽怛悼，诚欲效其款款之愚。以为李陵素与士大夫绝甘分少，能得人之死力，虽古名将不过也。身虽陷败，彼观其意，且欲得其当而报汉。事已无可奈何，其所摧败，功亦足以暴于天下。仆怀欲陈之，而未有路。

——《汉书卷六十二·司马迁传第三十二》

中央集权强化了，后任的皇帝会轻松很多，因为艰巨的基础工程已经全部完成了。

汉景帝统治了十六年。太子刘彻十六岁继位。他后来成了有"太阳王"之称的汉武帝。

汉文帝和汉景帝在位的四十年间，除了吴楚七国叛乱之外，没有发生其他的大动乱，百姓终于意识到，战乱年代已经成为"过去"。而且，这段时期也很少大规模的工程和军事行动，人民得到了充分的休养生息。因为不需要大规模的财政支出，国库很充实。在这种种优越的环境下，年轻的汉武帝即位了。作为帝王，汉武帝可谓是无与伦比的幸运儿。

汉武帝天生聪颖过人，性格也粗犷，不同于慎重且消极的父亲和祖父，更接近于曾祖父刘邦。而且，他年轻气盛，富有进取心。尤其是在窦太后去世后，他得以掌握大权，便放手大干。为加强中央集权，他进一步削弱诸侯王的势力，并设立刺史，监察地方；思想上极力推崇儒家文化。此外，他还积极发展军事力量。

从秦朝至汉初，天下统一，为战国时期画上句号。此后，迎来了汉民族的兴盛期。

当时，塞外的游牧民族匈奴也出现了一位英明的首领——冒顿单于，所以整个民族也处于上升期。

汉高祖时期，因为与项羽激战之后疲劳困顿，无力对付匈奴。

刘邦在平城[1]被匈奴军包围，最后只得依靠贿赂冒顿单于的夫人而侥幸逃脱。

据《汉书》记载，当时人们传唱着这样一首歌谣："平城之下亦诚苦，七日不食，不能彀弩[2]。"但《史记》里却不见这样的记载。

后来，汉朝把皇族公主出嫁给单于，并赠送丝织品和谷物，以此为条件与匈奴缔结了和约。但匈奴还是屡屡进犯边境。于是，积极进取的汉武帝决定在外交军事方面也采取强硬对策。

元光六年（公元前129年），汉武帝宠妃卫夫人的弟弟卫青长驱直入，攻入长城以北地区，袭击匈奴根据地龙城。随后两年，这位青年将军也接连出击，给予匈奴以沉重打击。

卫青之后，霍去病将军成为抗击匈奴的

[1] 平城：现山西省大同市。

[2] 彀弩：拉弓。

【陈说】

卫青和霍去病真的是战无不胜的神武将军吗？其实汉朝和匈奴之间签订的屈辱和约由来已久，能够报仇雪恨，靠的绝不仅仅是这两位名将，还有汉朝充实的国力。

不管哪个朝代，国家之间的战争就是综合实力的抗衡。此时的汉朝人口成倍增加，国库也充盈，而匈奴的鼎盛时期是冒顿单于时代。卫青第三次远征的翌年，冒顿单于之孙军臣单于死了，接着匈奴发生内讧，军臣的弟弟伊稚斜攻打太子于单，当上了单于。于单战败后投降汉朝，匈奴已经开始走下坡路了。

——陈舜臣《中国的历史·第二卷·激情澎湃的活力》

名将。

在此期间，有一位年轻人正周游全国。当时旅途之艰苦，后人无法想象。那这位年轻人为什么还乐于跋山涉水呢？

他是为了书写历史。

这位年轻人姓司马，名迁，字子长。

元封元年（公元前107年），汉武帝如愿以偿地举行了封禅仪式。所谓封禅，是指天子亲自登临泰山，在泰山上依照古代仪式祭祀天地诸神。一定要等天下完全太平，才可以由天子举行封禅仪式。此前，就连汉文帝和汉景帝都认为时机未到而没有举行封禅。可见这个仪式是多么重要。

对于侍奉朝廷的人来说，能否参加此次盛典是个非常重要的问题。

司马迁的父亲司马谈任太史令 [1] 之职，却不能参加封禅仪式。这对他而言，简直就是奇耻大辱。他积郁成疾，临终前握着儿子双手，流泪说道："我们祖先是周朝太史。我死之后，你一定要把这祖传之业继承下去。不能随行参加封禅，是我命不好。唉，这是命中注定呀！我死之后，你会成为太史。你成为太史后，可不能忘了我一直想写却终未能如愿的著述……你想想看，孔子编著《春秋》已经快过去四百年啦。其间诸侯相争，忙于战乱，都疏于修史。如今，

---

[1]　太史令：掌管文书记录。

汉朝兴盛，海内统一，有明主、贤君、忠臣、为义而死之烈士……唉，我身为太史，却不能尽记录评述之职，以至于天下史文日益荒废。这是我的遗憾。你一定要明白父亲的心志，将这祖传之业继承下去……书写历史！"

儿子司马迁低下头，流着眼泪发誓道："我虽愚钝，也会尽力把父亲收集、整理的历史传闻全部记述下来。"

父亲去世三年后，司马迁被任命为太史令。每当想起父亲临终前的话，他就暗自伤心：人若不得志，则一生悲哀，可怜的老父亲……

司马谈因无缘封禅而积郁成疾，临终时，愤懑之情化为留给儿子的一番悲壮遗言。然而，谁都预料不到，儿子司马迁的命运比父亲更不幸。

司马迁当上太史令之后，可以自由地使用朝廷的书库。相当于《史记》跋文的《太史公自序》里写道："史记石室金匮之书。"也就是说，石室书库或金库中的绝密文书，

【陈说】

武帝泰山封禅是前所未有的盛事，然而此后，武帝及汉帝国都开始走下坡路，这实在是一个讽刺。

这在封禅前后的战争中也有所暴露。封禅之前是平定南越，之后是朝鲜之战。虽然两次战争汉朝都胜利了，但有很大的不同——朝鲜之战中暴露了将军不和的丑陋一面，这与庆贺封禅的气氛极不协调。

平定朝鲜两年后，大将军卫青死了。尽管他后来长期默默无闻，但他的死标志着一个时代的结束。

——陈舜臣《中国的历史·第二卷·秋风辞》

他都可以翻阅。

太初元年（公元前 104 年），四十二岁的司马迁开始执笔《史记》。对于着手创作毕生大作而言，在年纪上也已经足够成熟。

七年过去了，司马迁四十九岁。这时，一场无妄之灾降临在这位伟大的史学家头上。

事情起因于匈奴问题。

天汉二年（公元前 99 年），汉武帝派李广利将军率三万骑兵前往天山讨伐匈奴。

李广利是汉武帝亡妃李夫人的兄长，托妹妹之福而荣升贰师将军——这与卫青托姐姐卫夫人之福成为将军如出一辙。区别在于，卫青颇有将才，而李广利却不是一名出色的军人。但汉武帝念在亡妃的分儿上，还是重用李广利。

另外，汉武帝还任命李陵为这支远征军运送粮草。

李陵出身于武将世家，是一名纯粹的军人。他在汉武帝面前请愿道："我的部下都是荆楚之地的勇士、奇才和剑客，请陛下派兵给我前往栏杆山讨伐匈奴王。"——李陵希望独自带兵。

汉武帝知道他不愿屈就于李广利的部下，就说："我已经没有骑兵给你了。"

"不需要骑兵。我愿带五千步兵踏平匈奴。"

"好，果然是位勇士。"汉武帝答应了。

　　李陵确实有点瞧不上李广利。他出身名门，祖上也都是军功昭
著之辈，例如，秦国将军李信曾在灭燕国之战中立有大功；祖父李
广曾作为周亚夫的部将在平定吴楚七国之乱中立下战功。而李广利
原本是个歌舞伶人，只是凭着妹妹的美貌而受到皇上重用。他对李
广利素来无甚好感："这家伙竟敢起个和我祖父容易混淆的名字。"

　　汉武帝也许是有意利用这种嫉妒心和敌对情绪，以便让他们相
互竞争。他又下令让都尉路博德去接应李陵的军队。但路博德曾经
官拜伏波将军，自然不甘心做李陵的后援。

　　大家都心高气傲。路博德上奏汉武帝："时值秋季，匈奴马肥，
不宜与之交战。不如让李陵暂留此地，明年开春后再与他同时出征，
夹击东西浚稽山的匈奴军。"

　　汉武帝看过奏章，却误以为是李陵畏惧不前，让路博德奏请延
迟进兵。于是便下了死命令："九月出发，抵达龙勒水。如果没有
遭遇敌兵，就到受降城停下休整军队。与路博德私下商议成何体统。
所谈何事，应上书汇报！"

　　李陵只得怏怏地领命出击，在浚稽山遭遇了三万匈奴骑兵。汉
军杀敌数千，击退了匈奴军。匈奴王大惊，重新调集来八万骑兵攻
打李陵。

　　五千对八万。李陵起初奋勇抵抗，然后逐渐向南退入山峡。如果
能诱敌入山，匈奴军的看家本领——骑兵战就发挥不出威力来。

　　"这是汉朝的精兵，久攻不能拿下，却日夜向南退走把我们引到塞边。莫非是埋有伏兵或另有援军，故意吸引我们上钩？"匈奴王虽然手握大军，但害怕中计，就决定暂不进攻。李陵军的战术看起来似乎有恃无恐。其实，李陵正是希望以此唬住对方。

　　然而，李陵军中却有一位末将因受校尉侮辱而投降了匈奴，并供出真相：李陵既无援军，也无伏兵，而且箭矢即将用尽。

　　既然摸清了虚实，那么以近于二十倍的兵力发起进攻，当可一举歼灭对方。于是匈奴军发动猛攻。

　　经过一番惨烈的厮杀之后，李陵投降了。

　　汉朝宫廷中，汉武帝召集群臣，商议如何处置李陵。群臣都众口一词地谴责李陵，主张将他治罪。只有一个人站出来为李陵辩护——他就是担任太史令之职的司马迁。其实司马迁和李陵并无私交，只是有过几次同席之谊而已。

　　司马迁侃侃而谈："李陵有国士之风。此番不幸战败，我们这些在京城和家人过着安稳日子的人就大肆攻击，真令人痛心。李陵率步兵不足五千，却深入险境，抗击数万敌军，杀得对方无暇顾及死伤者。匈奴军调集了所有弓箭手前来围攻。李陵军箭矢用尽，无路可走，就冒着白刃拼死杀入敌阵——能率部下如此浴血奋战，即使和古代名将相比也毫不逊色。虽然最终落败，但其军功足以彪炳天下。李陵之所以忍辱投降，必定是想着有朝一日报效朝廷……"

不料这番辩护却触怒了汉武帝。

李陵虽然最终投降，但确实立下过赫赫战功。相比之下，李广利黯然失色。这让汉武帝十分不满。

"你这家伙，简直胡说八道！"上了年纪后，汉武帝的脾气变得更暴躁了。他立刻下令将司马迁处以腐刑。

腐刑也称宫刑，即阉割之刑。对于士大夫而言，这是奇耻大辱。与其受此屈辱，在世人的同情和嘲笑中腆颜偷生，还不如自行了断！

然而，司马迁却继续活下来了。为什么？

司马迁在回复友人任安的书信《报任安书》中详细地记叙了自己的心迹。

任安是益州刺史 [1]，他曾写信给在朝廷任中书令的司马迁，劝告说：你作为侍奉君主左右的臣子，应以推荐贤才为己任。

收到信后，司马迁并没有立即回复。其间，任安因为受到戾太子叛乱事件的牵连，被判处死刑。

眼看着刑期渐近，如果不尽快回信，只怕将永远失去机会。任安如果没有收到司马迁的回信，也许会死不瞑目吧。

于是司马迁执笔回信，大意如下：

---

[1] 刺史：秦时始置，掌管一州的军政大权。

　　承蒙你的忠告，劝我应向君主推荐贤才。然而，如此不自量力之事，恕我无法做到。因为我已是废人。

　　人们常说，受宫刑是最大的耻辱。一个身受宫刑、卑微如草芥的人，又如何能昂首竖眉地谈论是非呢？

　　你知道我为什么要忍辱偷生吗？我双亲早已亡故，也无弟兄。莫非我这独身孤立之人还惦念着家中妻儿？

　　勇者未必为气节而死；懦夫倘能重义，则无所不能。我虽怯懦，也自知去留进退之理。我之所以还在粪土之中忍辱偷生，是因为还没有实现内心的志向。死后不能以文名流传于后世，深感惭愧。

　　生前富贵而死后无名，这样的人不计其数。只有卓越出众之人，才能够名垂后世。西伯被囚禁而推演《周易》；孔子穷途潦倒而写《春秋》；屈原遭放逐而咏《离骚》；左丘明双目失明而作《国语》；孙子被砍断双足而编《兵法》；吕不韦被贬至蜀地而传《吕览》[1]于世；韩非被囚禁于秦国而著《韩非子》；《诗经》三百篇也大都是圣人、贤人们的发愤之作……

　　他们都是心有郁结，无处发泄，所以才追述往事，希望将来的人明白自己的心志。例如：左丘明失目，孙子断足，已经成为废人，只得通过著书立说以抒发胸中愤慨，凭借文章来表明心志。

———————

[1]《吕览》：即《吕氏春秋》。

请恕我不逊——我想收集散失天下的历史传闻，核实其事，考察成败兴亡之理。共一百三十篇，探究天与人的关系，通晓古今变化，而自成一家之言。

然而，就在我刚开始动笔时，却遭此横祸。我不忍心舍弃这部未完之作，因此，即便身受极刑也默默忍受。如果真的能写成此书，藏之名山，传之其人，流传于城邑乡里，我所受的屈辱就能得到补偿了。若能如此，则万死而无悔。

我因口舌而获罪，被乡里人耻笑，有辱先人，更无面目回去祭拜父母之墓。即使百世过后，这污点也难以洗刷。一想到此，我每日愁肠九回……每次一想到这耻辱，我就全身直冒冷汗。

对于这样的一个人，你又如何能让他去推举贤才呢？

辩解无益。非但不被俗世理解，反而自取其辱。待我死后，是非自有定论。

司马迁这封书信真真切切地阐述了这一永恒的真理：奋笔著书的动力往往来自内心的创伤。当然，《史记》里没有关于作者自身的传记。东汉时期编著的《汉书》则有《司马迁传》，里面全文收录了《报任安书》。

《史记》由本纪、表、书、世家、列传这五部分构成。后世的

史学家大都沿用这一形式，至少一定会有本纪和列传，所以被称为
"纪传体"。

列传的开卷首篇是《伯夷列传》，记述了兄弟俩为义而死的事迹。
而列传末篇《货殖列传》则是关于实业家的传记——从"义"到
"财"，这跨度也太大了。

司马迁触怒汉武帝时，本来可以按当时的规定出钱减罪，但他
却因为无钱自赎而惨遭宫刑。

司马迁固然是个重"义"之人。而对于"财"的重要性，他也
一定深有体会吧。

致读者

　　在中国，有二十五部史书被列为正史，称为"二十五史"。灭亡于1911年的清朝还没有正史。所以在二十五史之中，最近的是《明史》，最古老的是《史记》。从这个意义上来说，《史记》是中国历史的开山之作。而且，《史记》是唯一一部通史，而其余二十四史都属于断代史。

　　从《汉书》到《明史》，都只记录某一个朝代的历史，即所谓断代史。《三国志》虽然包括了魏、蜀、吴，但这三个王朝是同时并存的，所以也应该归于断代史之列。

　　《史记》从神话时代开始说起，然后是夏、殷、周、春秋、战国、秦、汉——当时中国所能想到的历史全都写进去了。《史记》之后是《汉书》，但从《汉书》就开始显现出正史一本正经的面目了。我认为，二十五史中写得最出色的当然还得首推《史记》一书了。对于中国人来说，这部史书写尽了各种人物典型和事件模式。后世只要哪个人物一登上历史舞台，人们必定会联想起《史记》里的某个人，或者觉得此人和《史记》里的某某相似。

　　不仅中国如此，在明治时期以前的日本，《史记》也是文化修养的必读之书。皇宫中还开设有正式的讲习班。紫式部就以熟读《史记》而闻名，这一点从《源氏物语》中也能反映出来。可见，《史记》曾经是中日两国人民的共同经典。

　　我们热烈歌颂中日两国友好，衷心希望东亚各国永远和平相处，以造福子孙后代。但"友好"不仅仅是挂在嘴边的漂亮话，更需要从理解对方开始做起。日本人想要理解中国人，阅读《史记》绝对是正道，同时也是一条捷径。因为《史记》里记载了中国人的所有人物典型——确切地说，这些典型并不限于中国人，而是涵盖了古今中外的人。所以，多读《史记》，还能有助于加深对"人"的理解。

　　《史记》是大部头的古典著作，有些读者可能会因此敬而远之。不过现在出版了好几种译本，在《史记》和日本读者之间架起了一座桥梁。我也本着为此尽微薄之力的愿望，在《周刊朝日》上连载文章。如果有读者因为看了此书而对《史记》产生兴趣，并逐渐走近《史记》的世界，我一定会感到喜出望外的。

陈舜臣